PERSONAS
PROCESO
PRODUCTO

LOS TRES PILAS FUNDAMENTALES PARA CONSTRUIR UN NEGOCIO MILLONARIO

JAVIER PEÑA

Contacto 636734229

Copyright © 2019 JAVIER PEÑA

No se puede reproducir ninguna parte del libro

Sin la autorizacion del autor

Todos los derechos reservados.

ISBN: 9781080826438

DEDICATORIA

Este libro es muy especial para mi, soy un gran fan de Marcus Lemonis y para mí a sido mi mentor en los negocios, para mí es un gran icono de los negocios, su manera de pensar, de prevenir las cosas y la visión que tiene en los negocios fue lo que me enamoro del programa El Socio.

Gracias a este programa he podido crear este gran libro que os servirá de ayuda para crear un negocio que valga millones, este gran libro va especialmente dedicado para Marcus Lemonis y sus ideas.

INDICE

Introducción	9
PERSONAS	**13**
La familia en los negocios	14
Confía en las personas	17
Problemas de ego y personalidad	20
Siéntate a escuchar ideas	22
Amigos que te quitan dinero	23
Quien me dirige	24
Motiva a tu equipo	27
Cuida a tu personal	30
Aprende y enseña a vender	31
PROCESO	**39**
Conoce el proceso	40
Limpio y organizado	42
Tu negocio es todo tu tiempo	44
Proveedores	47
Operamos basándonos en el coste	48
Cambia tu maquinaria antigua	51
Rápida atención	53
Muestra el proceso al cliente	55
Tienes que endeudarte	57
No tengas un único cliente	60
PRODUCTO	**62**
Identifica o crea un producto	64
La fórmula del eje	66
Tu producto estrella	69

Mayor beneficio, mayor visibilidad	72
Presente y futuro	75
La ubicación es algo clave	79
Historia y marca	84
Marketing	92
Océanos	101
Pensar en grande	105

AGRADECIMIENTOS

Muchas gracias a todas personas que me han apoyado en este gran proyecto, porque sin ellas no hubiera acabado este camino, quiero agradecer especialmente a mi pareja, por aguantar días en los que no he podido darle mi atención, al resto de mi familia y agradecer enormemente a mi gran equipo que hay detrás, sin ellos este libro no se hubiera acabado. Gracias por trabajar más horas de las que no os correspondía y mil gracias por todas las ideas que habéis sugerido entre todos

INTRODUCCIÓN

Hola mi nombre es Javier Peña, en la actualidad soy inversor en bolsa y asesor de negocios. Con este libro quiero ayudarte a crear o renacer un negocio, darte las pautas necesarias para construir un negocio millonario.

Conceptos básicos
Antes de empezar a explicarte y definirte los tres pilares fundamentales para alcanzar el éxito empresarial, quiero que sepas, que no puedes abrir un negocio sin saber EDUCACION FINANCIERA, un mínimo para poder empezar tu negocio, es como coger un barco sin saber navegar y te vas aguas profundas, seguramente ya estarías llamando rápido a los guardacostas para que te puedan salvar, en el mundo empresarial los guardacostas son los bancos, ellos tienen un único objetivo en mente COBRAR INTERESES, da igual como este tu negocio ellos quieren su dinero e intereses y no les culpo es así como hacen dinero, lo bueno de los bancos es qué si sabes aplicar el método PPP te llevaran al éxito mundial gracias a que te puedes apalancar con su dinero, hay que entender que los bancos están para hacernos crecer y no para pagarnos facturas que no podemos pagar en nuestro negocio, con un poco de educación financiera que te enseñare ahora y el método ppp, puedes alcanzar grandes metas, una empresa con la que soñabas, crear una gran fortuna, solo está en los números de tu negocio, si entiendes los números llegaras a donde tú quieras, el cielo es el límite amigo, quien no ha soñado con esa gran empresa que facture millones al año o miles de millones, emprender es mágico, es la clave para sobrevivir en este

mundo, donde ya no hay trabajos seguros y lo seguro apesta aguantar a otro jefe ser esclavo del sistema, NO! REENUNCIA y comienza a emprender a veces te preguntaras, ¿porque sigo haciendo esto si no me funciona o no me da resultados?, amigo todo tiene su sacrificio al ahora de cobrar grandes cantidades de dinero, la pregunta ¿estoy haciendo lo que sea para tener éxito?, ¿estoy invirtiendo todo mi dinero y tiempo en esa idea?, suele a ver personas que no hacen todo lo posible para que despegue su negocio y se quejan al menos de buscar una solución , que la solución es fácil EL METODO PPP y educación financiera.

Que es la educación financiera?

La educación financiera se refiere al conjunto de habilidades y conocimientos que permiten a un individuo tomar decisiones informadas de todos sus recursos financieros.

Es muy importante que tengamos clara la diferencia entre activos y pasivos:

·Activo- producto o bien que genera ingresos a su poseedor.

·Pasivo-producto o bien que ocasiona gastos a su poseedor.

Por ejemplo, el dinero puede ser re invertido y generar más dinero o financiar nuevas fuentes de ingreso. Un ejemplo de pasivo seria tu coche, puesto que este se desvalúa, necesita gasolina, reparaciones..

El ahorro también es algo clave ya que nos protege de los problemas y nos libera del estrés ante momentos de necesidad. Nunca es tarde para empezar a ahorrar, puesto que el ahorro que comencemos a generar si lo reinviertes puede ser la llave de la libertad en un futuro.

No es bueno gastar por encima de nuestras posibilidades. Sin embargo, tampoco es bueno perjudicar nuestra calidad de vida a costa de aumentar nuestra cuenta bancaria.

Esto ha sido un poco de educación financiera básica, en el libro habrá más habilidades que iré explicando sobre educación financiera.

Que es el método PPP?
El método ppp se basa en los tres pilares fundamentales en los negocios PERSONAS, PROCESO Y PRODUCTO. Todo aquel que tenga las tres p es muy raro que no le funcione el negocio, porque si contralas estos tres pilares, contralas tu negocio a la perfección. Hay algunos negocios que solo tienen dos p, hay otros que una p, pero lo obligatorio para que un negocio funcione en el futuro es que tengan las tres o que intentemos arreglar las que nos faltan.

Este método fue inventado por el gran empresario Marcus lemonis, fundador de Camping World, gracias a su método llego a facturar en el año 2014 tres mil millones en ventas con su empresa, no te parece increíble?

Biografía Marcus Lemonis?
Esta es la increíble historia del empresario que recupera empresas y las transforma en negocios más exitosos cada semana en el reality show que hace arder las pantalla de history.

Nacido en Beirut el 16 de noviembre de 1973, durante una gran época de crisis Marcus fue adoptado a los 9 meses de vida por Leo y Shopia Lemonis, una pareja de griegos que residían en Miami. Su abuelo uno de los propietarios de concesionarios Chevrolet más grandes del país lo introduzco en el mundo de los negocios, no tardó mucho en saber lo que quería a los 12 años de edad comenzó su primer emprendimiento, cortando el césped de las casas de su barrio para solventar una empresa de golosinas, antes de dedicarse plenamente a los negocios Marcus se inscribió en la carrera de ciencias políticas en la Universidad Marquette en 1995 y, sin éxito, se postuló por una banca en la Cámara de los Representantes de Florida.

A partir de entonces se hizo cargo de algunos roles administrativos en la industria automotriz, por consejo y amigo del ceo en aquella época de Chrysler, comenzó a invertir en los negocios de vehículos recreativos y suministros de camping fue así como fundo FreedomRoads compañía de adquirió varios concesionarios de este tipo de vehículos, hacia 2006 se fusiono con Camping World, hoy lidera más de 7.000 empleados por todo el territorio del Estado Norteamericano, en el año 2014 llego a facturar en ventas 3.000 millones, el da las gracias de su éxito a su método PPP que con él ha llegado a construir un imperio.

PERSONAS

Las personas es el pilar más importante de las tres P, las personas o pueden quebrar tu negocio o pueden llevar tu negocio al máximo nivel económico, un producto lo puedes cambiar, un proceso también pero las personas es más difícil cambiarlas, la personalidad de una persona de un día para otro no cambia.

Tienes que identificar si tienes relaciones tóxicas que pueden dañar tu empresa. Muchos de esos problemas suelen ser la falta de confianza, personas con demasiado ego o hasta veces demasiada confianza entre socios, confianza de que tiendes una mano y te coge todo el brazo tu empleado y empleados que se sienten humillados por sus superiores, hay distintas relaciones en el mundo de los negocios y siempre intenta estar con las mejores personas.

Solo he hablado de lo malo pero y lo bueno de tener tu familia en el negocio, que les Pagés un buen sueldo i piensen mi hijo que exitoso es o que estén allí apoyándote cuando tú estés mal, que si necesitas algo ellos te lo darán, hay algunas familias que financian los negocios de los hijos, en China suele pasar que los padres si pueden financian los negocios de los hijos.

He llegado a conocer empleados que han agradecido muchísimo el trabajo que tiene a sus jefes imagínate lo bien que te debes de sentir de ayudar a otras personas y que encima te lo agradezcan.

Tener socios que los puedes considerar hermanos eso es lo mejor, una de las cosas que más me gusta de los negocios es que te relacionas con miles de personas y si o si te tiene que gustar relacionarte, sino en este mundo no vales, este tema se llama networking.

Si eres un gran networking, triunfarás. Quien anda con lobos acaba aullando.

Esta frase lo describe muy bien el mundo del networking. A continuación hablaré de las mejores claves de esta fase del libro sobre las PERSONAS.

LA FAMILIA EN LOS NEGOCIOS

La búsqueda de socios para crear una empresa siempre escucharás que una de las opciones que tienes que descartar esa liarte con tu familia pues en un futuro podrían surgir problemas.

Pero muchos casos todo depende de la perspectiva si tú familiar es especialista en área comercial a la que te vas a dedicar no debería haber inconveniente si forma parte de tu equipo. Debes tomar en cuenta que las primeras personas a las que recurre un emprendedor son a los amigos y familia pues son ellos quien en primera instancia te pueden inspirar confianza.

En la segunda temporada el episodio 9 Marcus lemonis fue a visitar una marca de lujo de nombre Coraje b.

Esta marca fabricaba ropa de lujo con tiendas hasta en Manhattan que llegaba a facturar en ventas 5.000.000 pero aun así perdían 200.000, el problema era que es un negocio familiar pero eso no es un inconveniente si hay buenas relaciones ,pero aquí buenas relaciones no habían o había un grave problema entre la diseñadora que era la madre y el hijo que era el encargado del inventario ¿cuál era su problema? la falta de comunicación siempre estaban gritando, Marcus lemonis llego a un punto que estaba cansado de llegar al negocio y siempre ver peleas, en este negocio veía potencial de llegar a facturar más de lo que estaban facturando pero sí las personas no son las adecuadas un negocio no puede llegar a ser exitoso en el futuro.

Marcus lemonis cogió al hijo y se fue a hablar con él, el hijo le abrió el corazón y le contó que tenía rabia acumulada por todo este tiempo que se murió su padre Marcus lemonis lo entendía y le dijo que se llevará bien con su madre porque de madre solo hay una y que ella no tiene la culpa de la muerte de su padre desde ese día el negocio cambio las personas estaban bien el proceso también y ahora su madre con una mente positiva estaba diseñando grandes prendas.

Identifica si tienes relaciones tóxicas en tu negocio e intenta buscar cuál es el problema y si puedes solucionarlo mejor, las personas son el pilar más importante de los negocios el ejemplo que te he puesto ahora estaban perdiendo dinero por la falta de creación de su madre qué era que tenía una mente negativa con las discusiones que tenía con el hijo no quiero que te pase esto a ti con tu negocio para llevar un buen negocio al éxito hay que estar con una mente positiva. Imagínate una tienda donde entras y ves a los familiares de la tienda o los socios discutiendo, los clientes se sentirán raro y seguramente no volverán a entrar.

Ahora te voy a dar unos consejos para ver los errores más comunes al hacer negocios con tus familiares.

1 Poca comunicación:
En cualquier empresa si no se posee una buena comunicación entre sus áreas las cosas no marchan bien, este es un error muy común que se manifiesta cuando de empresa familiar se refiere. Si no se maneja una comunicación efectiva no se lucha en conjunto para obtener buenos resultados.

2 Sueldos desequilibrados:
Sin menospreciar a ningún empleado por el cargo que ejerza al momento del pago del sueldo o el reparto de utilidades se deberá tener en cuenta la equidad dado que esto mantendrá el ambiente en armonía en la empresa.

3 Traer las personas equivocadas:
Muchos padres incorporan a sus hijos desempleados en el puesto que sea de la empresa con tal de que no estén en la casa haciendo nada o con sus amigos gastando su dinero. Algunos de esos hijos simplemente no consiguen empleo así que la opción más fácil es llegar y pedir un espacio en la empresa.

4 No contar con sucesión:
Cuando falta el fundador del grupo familiar muchas empresas sufren un gran revés que incrementa el peligro de desaparecer por ello es importante contar no sólo con planes de sucesión sino también programas de carrera para prever que empleados puedan brincar rápidamente cuando se requiera un relevo en puestos estratégicos.

5 Retrasar las innovaciones:

El mercado no espera a nadie debes negociar y liderar el cambio hasta lograr la implementación de innovaciones hay que "vender" los beneficios que los cambios supondrían para la empresa y hacerlo de una forma profesional con datos en la mano. A veces existe un sector de la familia que es más conservador se trata entonces de convencer a todos de que las ideas nuevas siempre que resultan bien.

CONFIA EN LAS PERSONAS

He visto negocios que hay algunos jefes que siguen sin confiar en los empleados, por experiencias pasadas.

Una vez me contó un propietario de un restaurante que ya no confiaba en sus empleados porque hace un tiempo tuvo que echar a uno de ellos porque siempre robaba dinero de la caja, el empleado se fue del restaurante y los otros no tenían la culpa pero el propietario ya no confiaba en nadie después de esa experiencia.

La pregunta es ¿tu mente está tranquila pensando a ver si me van a robar mis propios empleados? No cómo vas a llevar un negocio al exito financiero sí ya piensas mal de tus empleados que tengas experiencias malas en el pasado no significa que las personas del futuro sean las culpables de ello.

Si esto te está pasando a ti reflexiona cómo te debes de sentir si tu fueras un empleado y tu jefe pensara que ya no te mira con la misma cara desde que es el ladrón llego a robar dinero de la caja, tú no tienes la culpa verdad? pero igualmente te miran mal, ese negocio ya no está en sintonía ya no está en un ambiente de trabajo adecuado para llegar a tener los resultados que tú como empresario te has marcado para este año, es normal que sintiera rabia ese propietario amigo mío pero yo le dije algo. Tu negocio es tu bebé y lo tienes que cuidar bien y si a tu bebé le das una niñera que no confías en ella seguramente se pondrá a llorar, en el negocio es lo mismo tu negocio al final acabará en bancarrota porque la falta de confianza llega a conflictos que pueden arruinarte.

No seas un rencoroso, dales una oportunidad a las nuevas personas.

 Tienes que tener un buen ojo para saber si ese empleado será una buena niñera de tu negocio. Todo el mundo se merece una segunda oportunidad el ladrón no porque te ha robado y eso no se perdona pero los otros empleados qué te han cuidado el negocio que cuando tú no estás ellos te están facturando dinero esos empleados valen oro así que si tienes experiencias cómo está deja a un lado tu rencor y confía en las personas. Muéstrales ese cariño que les tienes a tus empleados qué un negocio con buena armonía es un negocio que yo iría y volvería.

Te voy a poner otro ejemplo, Marcus lemonis fue a visitar una hamburguesería que quería invertir en ella, el proceso era bueno, el producto fallaban en algunas cosas pero lo que no había para nada eran las personas por la falta de confianza, hubo un camarero quien fue el diseñador de los ingredientes de las hamburguesas que tenía un problema, cual era ese problema os estaréis preguntado. Que el empleado se llevaba comida del inventario y eso los propietarios del restaurante no les gusto cuando se enteraron. Desde ese entonces los jefes comenzaron a poner cámaras por todo el establecimiento para vigilar a este camarero que ya no lo volviera hacer. Consecuencia que el camarero se sintiera vigilado todo el tiempo por un error que hizo en el pasado y se fue un gran pilar de la cocina

Cuando Marcus llego a la hamburguesería se enteró de este problema y antes de darles el cheque con su dinero fueron todos al restaurante y comenzó a quitar las cámaras, cuando acabo hizo algo espectacular, llamar al camarero para que volviera.

Cuando volvió el camarero, Marcus se sintió satisfecho porque las hamburguesas cambiaron de sabor de aroma de todo y eso era lo que fallaba en el producto.

CONFIA EN LAS PERSONAS Y NO JUZGES POR MALAS EXPERIENCIAS QUE HAYAS TENIDO EN EL PASADO

PROBLEMAS DE EGO Y DE PERSONALIDAD

Dejar el ego atrás señores. Un punto importante es que siempre piensen como dueño recalca Marcus. Al final del día aunque sean asesores o sean dueños ejecutivos siempre tomen la batuta de comenzar como dueños porque eso os llevará a tener en control a las decisiones que debes tomar.

Y este punto de dejar de lado el ego precisamente es para estar abierto a nuevas opciones muchas veces cuando ya llegamos a estar bien o tengamos la absoluta razón prácticamente descubrimos el hilo negro de las cosas y eso nos hace perder nuevas oportunidades y nos hace perder aprendizaje y al final del día si estamos abiertos a nuevas experiencias y nuevos temas además podemos mejorar como persona es como prácticamente conocimiento nuevo no sé si habéis escuchado una frase "Nada nuevo va a salir de tu boca porque todo está inventado" siempre hay que estar abiertos a escuchar a los demás haber nuevas maneras de hacer las cosas si estas cosas que nos han contado sirven o no sirven sobre todo estar abiertos y dejar al lado el ego de ser los mejores y hay que ser abiertos y humildes a la retroalimentación de nuevas fuentes.

Al final del día eso es lo que reflejamos a nuestros clientes, os voy a dar unos conejos para que dejéis de lado el ego.

1 No te sientas ofendido:

La conducta de los demás no es razón para quedarte inmovilizado. Lo que te ofende solo contribuye a debilitarte; sí buscas ocasiones para sentirte ofendido, las encontrarás cada dos por tres.

Sentirse ofendido crea la misma energía destructiva que te ofendió y que lleva al ataque, al contraataque y a la guerra.

2 libérate de la necesidad de ganar:

Al ego le encanta dividirnos entre ganadores y perdedores. Empeñarte en ganar es un método infalible para evitar el contacto consciente con la intención. ¿Porque? Porque, en última instancia es imposible ganar todo el tiempo.

Siempre habrá alguien más rápido más joven más fuerte más listo y con más suerte que tú y siempre volverás a sentirte insignificante y despreciable.

3 libérate de la necesidad de tener razón:

El ego es fuente de conflictos porque te empuja hacer que los demás se equivocan. Cuando eres hostil, te has desconectado de la fuerza de la intención. El espíritu creativo es bondadoso, cariñoso y receptivo, y está libre de ira, resentimiento y amargura.

4 libérate de la necesidad de ser superior:

La verdadera nobleza no tiene nada que ver con ser mejor que los demás. Se trata de ser mejor de lo que eras antes.

Céntrate en tu crecimiento, con constante conciencia de que no hay nadie mejor que nadie en este planeta.

5 Libérate de la necesidad de identificarse con tus logros:

Puede resultar un concepto difícil si piensas que tú y tus logros son lo mismo… Y ya oigo la protesta de tu ego, pero sigue sintonizando con esta idea. Todo emana de la fuente, tú y tu fuente sois uno.

No eres ese cuerpo y sus logros; eres el observador, fíjate en todo y agradece las capacidades que te han sido concedidos. La motivación para lograr cosas y las cosas que has acumulado, pero atribuye todo el mérito a la fuerza de la intención que te dio la existencia y de que formas parte materializada.

SIENTATE A ESCHUCAR IDEAS

Hemos hablado antes un poco de este término que vamos a recalcar, pero quiero volver a recalcarlo, porque hay miles de jefes que no quiere escuchar ideas nuevas porque creen que no funcionan o no lo ven ellos bien.

Marcus había invertido una gran suma de dinero en una empresa de compra-venta de vehículos de segunda mano de nombre CAR CASH, esta empresa fue fundada por el padre de los actuales propietarios que eran dos hermanos.

Aquí había un problema que identifico poco después de invertir Marcus, el problema era que uno de los hermanos tenía una mente muy creativa pero su hermano no creía en él, todas las ideas de marketing que tenia se iban al traste y consecuencia de ello la frustración de la persona.

Cuando Marcus se dio cuenta le dio las herramientas necesarias para que fuera creativo, se lo llevo a un estudio de grabación i grabaron un anuncio para la televisión, cuando terminaron el anuncio quedo espectacular y fueron a enseñarlo al hermano, al hermano le encanto el anuncio, quedo fascinado.

Gracias a ese anuncio mucha gente quería llevar su coche a vender a CAR CASH, como veis nunca hay que decir que no ha una idea, sola hay que examinarla i pensar si va a funcionar.

AMIGOS QUE TE QUITAN DINERO

Este tema es un poco delicado de tratar porque puedes llegar a romper relaciones o amistades con tus conocidos, primero piensa en tu negocio i luego en los amigos.

He visto en varias ocasiones donde los amigos de los dueños del local toman los productos gratis, sí amigo y seguramente habrá pasado de que habrá venido algún amigo tuyo y te diga no me cobres que somos amigos, pues no en el negocio no hay amigos es una selva, y si le estás sirviendo porque eres camarero o le cortas el pelo porque eres barbero le cobras lo mismo que a todo el mundo y si no que se vaya qué te hace perder dinero.

Esto suele pasar a diario en negocios i si tienes relaciones así cortarlas inmediato porque a la larga te saldrá caro.

Vamos a seguir con el ejemplo de carta cash , uno de los hermanos compraba vehículos y luego se lo vendía amigos por 500 € y luego los amigos a los concesionarios y lo vendían por 2000 € más, Marcus detecto este problema y le dijo al propietario que cortaran la relación porque les hacía perder dinero pero se negó porque eran amigos de toda la vida, ahora vosotros estaréis pensando cómo que están perdiendo dinero si lo venden por encima del valor de la compra no? i aquí tenéis la respuesta Marcus le hizo unos cálculos ellos compraban el coche a 9000 euros y se lo vendía a los amigos por 500 euros más , pero Marcus quería vender los coches ellos mismos a los concesionarios por 2000€ más eso equivale si compras diez coches al día i los vendes a los concesionarios por 2000€ más equivale a 20.000€ que al año eso se convierte en 5.760.000€.

Antes cuánto ganaban al año con el amigo que les quitaba dinero si vendían 10 coches a los amigos por 500€ de beneficio i abren seis días de la semana todo el año eso equivale a un beneficio de 1.440.000€ hay una diferencia de 4.320.000€ de beneficio al año si tienes socios que te quitan dinero.

Estos cálculos los tenéis que aplicar a vuestros negocios porque no quiero que estés perdiendo ese dineral como CAR CASH por tener amigos en el negocio, veis la gran diferencia que hay, así que si te está pasando esto corta la relación que tengáis con los amigos que os quitan el dinero.

QUIEN ME DIRIJE?

A lo largo de todo este tiempo como asesor de negocios han pasado por mis ojos muchas empresas distintas cada una de ellas, pero el 25% de ellas siempre había el mismo algoritmo qué fallaba.

Cuándo asesoro un negocio me gusta aplicarme al fondo para detectar el hueco en el que pierden dinero. Suelo visitar el establecimiento dónde tienen sus productos o servicios.

Nada más entrar al establecimiento utilizo tres fases.

1 Fase: que este ordenado y limpio

2 Fase: hablar con el propietario o los socios del negocio.

3 Fase: hablar con los empleados.

La tercera fase es la más importante, suele ser la fase que más información obtengo del personal y de la empresa la mayoría

de las veces suelen decirme los propios empleados problemas que hay i que les encantaría resolver para poder mejorar.

Os acordáis que al principio os he hablado de un algoritmo que siempre fallan las empresas, suele pasar en los negocios donde hay varios empleados y dos o tres socios. Cuáles son los problemas que cada 2 de 10 empleados que pregunto me dicen lo mismos.

Os comento unos ejemplos:

1 Los mandos medios no asumen su responsabilidad como líderes y se ponen del   lado de sus subordinados, oponiéndose a la empresa

2 Los mandos superiores no saben conducir personas (no son líderes)

3 La gente está desmotivada y no se sabe qué hacer, a pesar de pagarles en tiempo y forma

4 Los incentivos de cualquier tipo resultan insuficientes, siempre piden más

5 No entienden como empresarios

6 Los sindicatos se adueñan del personal y las decisiones son tomadas a través de ellos.

7 Los empleados no valoran la relación con el cliente

8 La gente se queja constantemente,

9 La gente no se siente reconocida en sus esfuerzos.

La respuesta a todas estas tiene el mismo origen: ausencia de liderazgo. Es así- de determinante y antipático: hay liderazgo o no. Lo cierto es que los verdaderos líderes son muy escasos. Y para lograr una mayor comprensión acerca de qué tipo de rol estoy definiendo enumeremos sus logros cotidianos:

1 Tienen contacto frecuente o esporádico pero de calidad con la mayoría de los miembros de su equipo, incluso a través de sus supervisores (mandos medios)

2 Entienden al ser humano como un todo: lo laboral y lo personal se mezclan a menudo aunque la vida laboral y la práctica enseñan a manejar mejor las emociones, sobre todo, en las mayores jerarquías o las profesiones exigentes

3 Comprenden que el desarrollo de cada miembro del equipo (detección de habilidades y talentos) impulsa al grupo. En otras palabras, cuando las personas mejoran cada vez, mejora la empresa que los contiene. La calidad de trabajo marca la diferencia.

4 No se conforma con tener un grupo que cumple un horario sino que exige más: quiere un equipo motivado y dispuesto a volcar su energí-a en el trabajo. Sabe cómo hacerlo…

5 Provoca fluidez en la comunicación, minimizando los malos entendidos o sobreentendidos.

6 Es estratega. No se lleva por sus impulsos y tiene valores bien definidos.

7 Lidera su propia vida. Sabe qué quiere.

Y, lo más importante: todo esto se detecta a través de su gente: lo valoran, lo respetan, lo quieren y… lo extrañan. ¿Ha escuchado con frecuencia que se sienta la ausencia de un "jefe"? Seguramente no, porque un jefe no es un líder.

Hemos comentado los errores más comunes de por qué están insatisfechos los empleados y la falta de liderazgo y también te has obtenido cómo convertirte en un líder y no en un jefe.

MOTIVA A TU EQUIPO

Motivar a tu equipo es una herramienta muy poderosa para sacar el mayor rendimiento a tus empleados. En todas las empresas o negocios suelen utilizar técnicas de motivación para sus empleados muchos diferentes a cada una de ellas.

A partir de ahora vas a motivar a tu equipo, si lo tienes claro, quiero que los llevas a un siguiente nivel i ellos llevarán tu negocio a la estratosfera. Vamos a comentar dos técnicas basadas en mensajes del líder para motivar a tu equipo.

La película del lobo de Wall Street lo que más me gusta es la motivación que transmite Jordan Belfort a sus empleados. Para que saquen su mejor rendimiento y puedan vender mucho más, si no has visto la película te la recomiendo, se basa esta técnica en motivar a tu equipo a base de lo que quieren conseguir y enviar mensajes positivos.

También existe las técnicas japonesas de motivación, pero esas técnicas no suelen utilizarse con empleados con poca autoestima estas técnicas se basan en insultarte y sacarte lo peor de ti para que toda esa frustración que tengas en ese momento lo utilices para rendir mucho más.

Ahora comentaremos técnicas que podrás utilizar desde ya, no van de mensajes positivos ni insultos, son técnicas bastante eficaces. Motivar no es sólo subir la moral o infundir el ánimo suficiente para emprender una labor.

 La motivación incluye elementos como el nivel de compromiso, la confianza y el sentido de pertenencia, entre otros. Existen algunas técnicas que han demostrado su eficacia a la hora de aumentar los niveles de motivación.

Repasemos algunas de ellas y sus características:

1) Autonomía y autorrealización:

Una forma de motivar a tu grupo de trabajo es delegando en ellos responsabilidades que asuman con total autonomía. Algunos modelos de liderazgo tradicionales optaron por métodos rígidos y en los que había demasiado control sobre el trabajador, algo que a largo plazo lo desmotivaba. En cambio, si les dejas mayor margen de acción, sin duda se esforzarán en dar lo mejor de sí.

2) Reconocimiento:

No se trata de caer en el elogio fácil, pero sí debes reconocer los logros y avances en el momento que sea oportuno. A veces una palabra o un gesto de estas características son suficientes para que tus colaboradores perseveren en sus actividades con la disciplina demostrada hasta ahora. Si no lo haces, creerán que no te importan.

3) Fomento de relaciones:

En todos los grupos se tejen relaciones entre sus miembros. El líder de equipos debe esforzarse para que dichas relaciones sean sanas y sirvan para mejorar el rendimiento del grupo en su conjunto. Para ello, puedes optar por herramientas como el coaching empresarial o de grupos, o realizar actividades de integración adicionales. El reverso de esta situación lo encarnan aquellos líderes que fomentan la rivalidad, la competencia desleal y el interés propio. El resultado es la disgregación del equipo.

4) Metas claras:

Fija metas claras para el grupo. Cuando el trabajador sabe exactamente lo que debe hacer, despliega todos sus esfuerzos en ese sentido. Sin embargo, será distinto si un día le das unas instrucciones y al siguiente las contrarias. ¡Qué desconcierto! ¿Cuál sería tu reacción si tuvieras un jefe de equipo que cambiara de opinión sin un criterio claro? Seguro perderías la motivación en el proyecto.

5) Incentivos y promoción:

Ya hemos hablado de la necesidad de reconocer los logros de tus colaboradores. Bien, ahora se trata de la segunda parte del proceso: generar algún incentivo que les haga sacar lo mejor de sí en cada cosa que hagan. Estos incentivos pueden ser económicos, tal como sucede con los grupos de ventas, aunque no necesariamente tienen por qué serlo. Bonificaciones, días de descanso y vacaciones también entran en la categoría. Sin embargo, la mejor manera de premiar los buenos resultados a largo plazo es ayudarles a ascender en la pirámide corporativa.

CUIDA A TUS EMPLEADOS

Qué es lo más importante en un negocio?

Los clientes y cómo se atraen y se mantienen los clientes en tu negocio gracias a tu producto y servicio también pero lo que es verdad los mantiene a tus clientes que te sigo comprando a ti el servicio o producto es la atención que les das.

Por qué crees marcas de lujo como Louis Vuitton, Gucci venden su ropa más cara que Inditex qué al fin y al cabo su ropa es la misma calidad. Por la sencilla razón de la historia que tienen y atención al cliente que dan.

En Inditex nada más entrar nadie te saluda porque saben que su producto estrella es la moda barata. Pero en Louis Vuitton y Gucci nada más entrar ya te está atendiendo con una sonrisa en la cara y hasta a veces con la copa de champán. Pero quién está dando el buen servicio? los empleados. Los empleados son los encargados de mantener y cuidar a los clientes, los empleados de Louis Vuitton y Gucci tendrán un buen salario, unas buenas vacaciones y los jefes los tratan bien, a diferencia de Inditex no creo que tengan el mismo trato hacia los empleados.

La moda barata con lleva unos gastos bajos de producción para tener buenos márgenes de beneficio, en esos gastos entra los salarios de los empleados. Aunque parezca algo muy obvio, todavía hay muchas empresas que pagan sueldos casi humillantes a sus trabajadores. Si quieres que tus empleados sean felices, debes pagarles lo que realmente merecen por la realización de sus funciones. Esto repercutirá de manera positiva sobre tu negocio. De lo contrario querrán marcharse en cuanto encuentren algo mejor. ¡No dejes que el talento se te escape! No hay duda de que las personas que pueden hablar más y mejor de tu empresa son los propios trabajadores.

Todos los empleados de una empresa lo que dicen suele ser tomado como verdad absoluta por los que lo rodean, por lo que si hacen comentarios negativos, la imagen de la empresa se verá resentida.

Otra cosa que os quiero comentar es que los trabajadores de una empresa cuentan con una gran capacidad para hacer crecer el negocio. El talento y las competencias de una persona no pueden ser copiadas, por lo que si logramos identificar aquellas fortalezas que hacen único a cada empleado, tomaremos ventaja con respecto a la competencia.

Marcus lemonis comenzó el socio o The profit para salvar empleos y ganar dinero, eso dice mucho cómo persona y

Marcus sabe bien entender a los empleados y darles lo que desean, tú vas a ser el siguiente en ser un gran apoyo para tus empleados.

LOS CLIENTES NO SON LO PRIMERO. LOS EMPLEADOS SON LO PRIMERO. SI CUIDAS DE ELLOS, ELLOS CUIDARAN A TUS CLIENTES.

"Richard Branson"

APRENDE Y ENSEÑA A VENDER

Todo el mundo en esta vida tendría que aprender a vender da igual si eres taxista, piloto, médico, actor o futbolista cada día nos vendemos hacia las personas, en busca de un nuevo trabajo te estás vendiendo, cuándo vas a una cita te estás vendiendo, cuándo vas a conocer a un nuevo socio te estás vendiendo, cuando vas por la calle te están vendiendo, cuando miras algún escaparate te están vendiendo.

A lo largo del día, vendes o te venden y yo quiero que seas tú el que vende. Está científicamente comprobado que la persona que sabe vender le va a ir mucho mejor en todos los aspectos de la vida aunque mucho más en el mundo laboral. No puedes tener un negocio sin saber vender da igual el producto o servicio que vendas, tienes que saber vender y no puedes tener un negocio sin que tus empleados no sepan vender.

No tienes ni idea de la clientela que pierdes al día por no saber vender, las técnicas de venta sirven para los clientes que tienen dudas de comprar tu producto, tú al no saber técnicas de venta estás perdiendo esos clientes que a lo mejor son más de la mitad, miles de personas entran en tu tienda ven tus productos y se van , porque no les interesa o porque tienen dudas de comprarlo, pero ahora pon el caso que tienes un trabajador que sabe vender todos esos clientes que tienen dudas de comprar tu producto, lo comprarían gracias a tu trabajador que sabe aplicar las técnicas de venta.

Hay dos fases: vender y saber cerrar la venta. Son muy distintas tú puedes saber vender pero no saber cerrar la venta**, te voy a poner un ejemplo:**

Vender: mi producto es una botella de vino tinto del año 2000, un gran reserva de origen español, con un sabor a frutas del bosque que lo puedes combinar con un buen trozo de queso de cabra, te aseguro que volverás a repetir.

Cerrar la venta: Si yo fuera tú cogería esta botella y la guardería hasta dentro de 5 años, sabes por qué? este vino tinto solo han fabricado 100 este año y acaban de comprar la compañía otra empresa, seguramente cambiarán el modelo del envasé y por un precio de 2500 € en el futuro se convertirá mínimo 7000€, pagas en efectivo o en tarjeta?

Como veis esta es una buena estrategia de saber vender un producto y cerrar la venta. A continuación explicare estrategias para saber vender y cerrar una venta.

Seis tipos técnicas de ventas actuales muy efectivas:

1. Desafía el Statu Quo.

Las ventas se suelen ver como un proceso lineal. Un proceso que, en algún momento, tiene un fin -el prospecto te elegirá a ti o a tu competencia. Pero, la realidad, es que esos no son los dos únicos puntos finales.

Hay una tercera opción -la no decisión- que se elige más de lo que piensas. Estudios demuestran que más del 20 % de las ventas se pierden por la "no decisión" más que por la presencia de competidores. Prueba a desafiar el statu quo para hacer que tus prospectos vean el cambio que tú ofreces como algo que merece la pena.

2. Encuentra tu valor añadido.

¿En qué se parece lo que ofrece tu empresa de lo que puede ofrecer tu competencia?

La mayoría de pequeñas y medianas empresas reconocen que sus servicios son cerca de unos 65 % similares al de sus competidores. Entonces, ¿por qué en lugar de enfocarte en ese "área de similitud" no piensas en lo que puedes hacer por tus clientes que es diferente a lo que tu competencia puede hacer? Este es tu "valor añadido".

Tu valor añadido debe ser:

Único para ti.

Importante para el cliente.

Justificable por la organización.

3. Cuenta historias con contraste.

Esta técnica de ventas se basa en mezclar hechos con sentimientos para atraer prospectos y convertirlos en clientes.

Si eres como casi todas las empresas, estarás contando tu historia de un modo poco o nada diferenciador. Pero para crear una poderosa percepción de valor, necesitas contar tanto el "antes" de la historia, como el "después" -a esto nos referimos cuando hablamos de "contraste". ¡Ya sabes que las historias más apasionantes vinculan los datos con las emociones!

Es crucial contar la historia de tu empresa y hablar sobre las personas que se vieron afectadas por el desafiante entorno en el que estaban trabajando. Y luego, explicar cómo sus vidas mejoraron, se hicieron más sencillas, más divertidas o menos estresantes tras usar tu solución.

4. Arma tu argumentario de ventas.

Si lees la Wikipedia, verás que el objetivo de un Elevator Pitch "es condensar un mensaje que llame la atención de alguien en pocos segundos o minutos, obteniendo como resultado una entrevista o reunión con esa persona para más adelante."

Y es que cualquier organización deposita muchos esfuerzos en crear un pitch perfecto. El problema es que, la mayoría de las veces, esto relata tu historia, no la historia de tu prospecto. Por eso, a la hora de elaborar tu pitch de ascensor o tu argumentario de ventas, es importante centrarse en construir una historia que posicione a tu cliente como el héroe que es para ti.

5. Adáptate a los nuevos tiempos.

No importa cuánto tiempo lleves en el negocio, cómo de extenso sea tu entrenamiento en ventas, o a qué ritmo crezca el rendimiento de tu empresa en términos generales. Tu estrategia de ventas siempre debe darlo todo al 100 %, y para que eso sea posible con el mayor éxito y en el menor tiempo posible, puedes definirla utilizando las técnicas y los datos que recoja tu plataforma CRM.

Desde encontrar nuevos nichos de mercado, hasta segmentar la audiencia en paquetes a los que satisfacer sus necesidades, los vendedores actuales tienen principalmente dos objetivos:

Promocionar los productos y/o servicios de la empresa para la que trabajan.

Asegurarse de que los consumidores reciben el mayor valor posible de la solución que están adquiriendo.

Para ello existe multitud soluciones tecnológicas que te ayudan a cumplir con esto. Desde programas para la gestión de clientes, como SumaCRM, hasta el más diverso software para mejorar tus ventas.

6. Usa propuestas tangibles

Hay muchas maneras de contar una historia. Pero una técnica extremadamente efectiva -y poco utilizada- es usar propuestas en 3D. Los prototipos tridimensionales rompen con lo esperado - ¡incluso pueden hacer que el prospecto se ponga en pie y aplauda!

Estos prototipos crean una metáfora o una analogía tangible. Crean un poderoso recuerdo físico y ayudan a vender incluso después de la reunión.

Principales técnicas de ventas parar cerrar una compra:

El proceso de ventas pasa a través de una serie de etapas que comienzan con la prospección, para determinar el público objetivo al que vas a vender tu producto o servicio, y termina con el servicio de posventa, esencial para conocer la satisfacción del cliente y dejar la puerta abierta a ventas futuras. En este proceso hay una fase crucial: el cierre. Una buena estrategia de ventas no solo debe despertar la curiosidad del prospecto sino también facilitar su decisión de compra.

Técnicas de ventas para cerrar una compra:

1. Cierre por equivocación.

Esta técnica de venta demanda un conocimiento profundo de la comunicación extra verbal. Tienes que mantenerte atento a las señales de interés que envía el prospecto y, cuando notes que está preparado para realizar la compra, juegas con la equivocación. Al asumir la venta, ayudas a la persona a dar un paso más hacia la decisión de compra, de manera que le será más difícil echarse atrás y rechazarla. Puedes aplicar esta técnica de cierre de ventas preguntándole, por ejemplo, qué tipo de acabado quiere o a qué dirección debes enviar el producto.

2. Cierre Benjamín Franklin.

Benjamín Franklin solía tomar sus decisiones de manera muy racional, haciendo una lista detallada de pros y contras. Esta técnica de ventas inspirada en su método sigue siendo eficaz, sobre todo cuando el prospecto parecía estar listo para realizar la compra, pero se echa a atrás presentando una nueva objeción. Toma papel y lápiz para anotar sus contras y luego, en el lado contrario, apunta todos los beneficios del producto o servicio.

Es importante que no discutas la veracidad de las objeciones del objetivo de esta estrategia de venta es simplemente mostrar que las razones para comprar superan los inconvenientes.

3. Cierre por urgencia.

Si notas que el prospecto está muy interesado, puedes usar la escasez a tu favor para cerrar la venta. El efecto de la escasez indica que la disponibilidad limitada de un producto o servicio incrementa su valor. Puedes resaltar que se trata de las últimas unidades, una edición limitada o que la oferta terminará dentro de poco. Esta técnica de ventas es especialmente eficaz cuando el prospecto es consciente del valor del producto o servicio ya que la perspectiva de perderlo aumenta el deseo de tenerlo y lo anima a tomar la decisión de compra.

4. Cierre por rebote.

Esta estrategia de ventas es perfecta para despejar las objeciones finales del prospecto y utilizarlas a tu favor. Por ejemplo, si la persona afirma que le interesa el producto, pero alega que su configuración es muy compleja, puedes mostrarle un artículo similar más sencillo o proponerle la ayuda del servicio de asistencia. Tu objetivo es demostrar que su objeción es salvable, de manera que el prospecto no la pueda usar como excusa para no comprar.

5. Cierre por amarre.

Esta técnica de venta se basa en conseguir respuestas afirmativas del prospecto, ya sea de forma verbal o extra verbal. La clave consiste en ir planteando una serie de preguntas o enunciados con los que la persona esté de acuerdo para generar un clima de sintonía y confianza que favorezca la venta. Así incrementas paulatinamente su nivel de aceptación hacia el producto o servicio y derribas sus barreras psicológicas.

No olvides que el objetivo de cualquier técnica de cierre de ventas es ayudar al prospecto a tomar la decisión de compra, eliminando cualquier tipo de barrera psicológica que aún exista. Eso significa que no existen técnicas de venta infalibles que puedas aplicar con toda certeza.

Espero que os haya quedado claro el apartado PERSONAS del método PPP. Si habéis olvidado algún concepto volverlo a repasar porque es esencial que recordéis cada punto explicado. Te dado los conceptos para que te conviertas en un líder y tengas un gran equipo detrás tuyo, ahora pasamos al proceso.

PROCESO

Todo producto tiene su proceso, hasta las tiendas online tienes el suyo, ahora hay un método de negocio que se llama dropshipping, es un buen negocio para entrar de lleno en el mundo digital y ganar dinero, el dropshipping es un tipo de venta al por menor donde el minorista no guarda los bienes en su inventario, sino que toma y pasa el pedido al mayorista, quien entonces despacha las mercancías, el proceso de una tienda de dropshipping seria coger los productos, echarles algunas fotos, subirlos a tu tienda online y publicitar el producto.

Tu como gran empresario tienes que tener calculado todos y cada uno de todos los apartados del proceso de tu producto y en este apartado hablaremos del proceso para fabricar tu gran producto, comentaremos del inventario, los costes de producción, mayoristas, beneficios, maquinarias, hablaremos de todo lo que sea el proceso, no creo que sea tan importante como las personas pero si es importante, porque aquí puedes mover márgenes de beneficio y coste que puedes llevar a un mayor beneficio para tu negocio o empresa, calcular el beneficio, calcular el coste, calcular el precio de entrada….todo está en el proceso.

Marcus Lemonis suele estudiar bastante el proceso de cada negocio que va a invertir porque sabe que las personas suelen olvidarse de este gran paso y es clave para desarrollar un gran negocio en el futuro.

Sin más dilaciones comencemos con el apartado PROCESO.

CONOCE EL PROCESO

En el programa el socio me dado cuenta que hay muchos propietarios de negocios que no saben el proceso de fabricación de su producto, es esencial saberlo. Como vas a invertir en un negocio que apenas sabes nada del proceso, es una locura. Imagínate un electricista que invierte en un negocio de reparación de vehículos, puedes entender de coches pero no sabría el electricista repararlos. Otra cosa es qué tengas un socio que sea mecánico.

En el programa, Marcus fue a visitar una empresa que creaba mini casas rodantes, en la fábrica había 80 empleados con una gran visión de futuros todos ellos. Me enamoro de la empresa que fue la primera en crear estás mini casas, eran los pioneros, muy difícil a día de hoy, porque todo está creado. Lo que sorprendió a Marcus fue que el propietario del negocio no sabía nada del proceso de fabricación de su producto.

El mismo Marcus le pregunto que cómo empezó la empresa? le respondió que solo diseñaba y sus empleados fabricaban. Es respetable, seguramente al principio arriesgo mucho, pero como dice el dicho, quien no arriesga no gana. Marcus le hizo una pregunta muy interesante, si algún día te falla tu jefe de equipo encargo de conseguir materiales y de la fabricación de las mini casas, tu qué es lo que harías? el propietario respondió que no sabría qué hacer.

Este es el grave problema de no saber el proceso de tu producto que si te fallan, tú fallas y perderías mucho dinero, porque no sabrías que hacer y tus empleados trabajan por horas y hay que rentabilizarlas. Hay otro caso muy interesante del programa, una empresa fabricante de tarrinas de helado, MR GREEN TEA, su nombre proviene del éxito que tienen gracias a su tarrina de helado de menta. Un dato curioso es que uno de los socios de la empresa se marchó porque quería vender en supermercados también, no solo a restaurantes, el socio que marcho creo su propia tarrina de helado que a día de hoy los conocemos como Haagen-dazs, yo me quede impactado cuando contaron la historia, a día de hoy Haagen-Dazs es una marca reconocida a nivel mundial, menuda oportunidad perdido cuando se fue el socio. Por no haber escuchado la idea Mister green tea podría haber sido la compañía líder en ventas de tarrina de helado a nivel mundial.

Seguimos con Míster Green tea, ellos estaban teniendo un gran beneficio vendiendo sus tarrinas a los restaurantes, el problema era que ellos no controlaban el proceso de producción y dependían de mayoristas que creaban su producto, quitándoles un margen de beneficio del 25% de las ventas anuales. Marcus vio un gran potencial de crecimiento en esta inversión. Porque? porque a él le interesaba crear una fábrica y controlar los márgenes de producción y así no depender de mayorista, los propietarios tenían escrito cada etapa de la producción de las tarrinas y eso facilitaba de tiempos de estudio para comprar maquinaria nueva y suministros para crear el producto.

El último ejemplo nos refleja que si entiendes el proceso de fabricación de tu producto a la larga tendrás una visión más amplia de tu negocio y así poder expandirte más rápido.

LIMPIO Y ORGANIZADO

Cuando comencé en el mundo del asesoramiento empresarial un error muy común en las pequeñas y medianas empresas es que suelen tener su negocio no muy bien organizado, cuando hablo de organizado me refiero en el inventario, almacén, estantes de los artículos, papeleo etc...

No le tomamos mucha importancia pero es vital la organización del establecimiento.

Un negocio que visito Marcus para poder invertir y ser accionista era una floristería. Muy famosa en los ángeles por decorar todo tipo de eventos, llegaron a decorar uno de los más grandes eventos del cine Americano, el estreno de la saga CREPUSCULO.

Marcus nada más entrar en la tienda se da cuenta que apenas hay organización y observa productos en los estantes que no tienen nada que ver con la floristería, te enumero algunos: velas, jabones, libros etc...Todo estaba muy mal organizado, te podías llegar a perder en la tienda.

El propietario lo dirigió hacia el almacén y no sabéis lo que se encontró Marcus, un almacén lleno de inventario, pilas y pilas de cajas llenas de productos anticuados que no habían vendido, todo lo que no vendían lo guardaban en el almacén, pero lo más importante es que no había ni una gestión de inventario, no tenía idea de lo que se encontrarían si abrían una caja.

Muchos emprendedores tienen un error muy común al empezar un negocio, comprar nuevos productos a cantidades grandes, así disminuyes el coste del producto al mayorista por comprar al por mayor, es esencial testear productos para crecer como empresa pero no es bueno tirar el dinero, seguiremos hablando de testear productos en el concepto PRODUCTO.

Consejos para la distribución de tu tienda:

1. Administración por Categorías: Hay que colocar juntos todos los productos de cada categoría

2. Preciar el mayor número de productos posible. Así el cliente no nos tiene que preguntar y hace las cuentas de cabeza

3. Mantener la tienda limpia de ruido visual, asignar un espacio para que los proveedores coloquen su publicidad

4. Destinar pasillos lo más amplios posible

Consejos para tener un almacén organizado:

1. Obtener los resultados deseados con los recursos con los que contamos dependerá en gran grado de la gestión de nuestro capital humano.

2. A la hora de organizar la mercancía existen diferentes sistemas de almacenaje como el ordenado (lugar único, fijo y predeterminado), el desordenado o del "hueco libre", en bloque por orden de llegada o según el flujo de entrada y salida

3. Las estanterías para almacén son definitivamente la mejor solución para el aprovechamiento de las alturas, gracias a modelos como la estantería Picking, capaz de soportar hasta 975 kg de carga por balda

4. Un cálculo de las necesidades de aprovisionamiento actuales y futuras es una buena herramienta para poder mejorar la productividad y reducir costes a largo plazo.

TU NEGOCIO ES TODO TU TIEMPO

Emprender parece muy bonito desde afuera y muy fácil, pero es todo lo contrario al principio vas a trabajar muy duro para sacar adelante tu idea. Miles y miles de horas trabajando serán pocas, te despertarás de noche y te irás a dormir de noche, no veras a tus amigos, no saldrás de cachondeo, no veras a tu familia, nada podrás hacer que solamente trabajar duro.

Si quieres que tu idea se haga realidad y exitosa, trabaja duro. Si estás empezando con tu idea pon todo tu esfuerzo en ella no malgastes tiempo mirando tonterías, piensa y trabaja solo por tu idea. Vive para trabajar en tu idea, vuélvete obsesionado con tu puta idea.

No tienen tiempo suelen decir, pero para salir de fiesta si, para ver series de Netflix si, para malgastar dinero también. No tienes tiempo porque tú no quieres. Cuando llegues de trabajar ponte a trabajar en tu idea, todo el tiempo que estés malgastando inviértelo en lo que te apasiona, conviértete en un adicto del trabajo duro pero trabaja inteligentemente.

Que es lo que quieres un puto jet privado, un Lamborghini, pues trabaja duro y lo tendrás. Solo tienes que invertir tiempo, esfuerzo y conseguirás llevar tu idea al éxito. No puedes tener una idea y no tomar acción, las ideas sin acción son basura. Toma acción con las ideas que te surgen en la cabeza.

Los millonarios apenas tienen tiempo, Marcus está todo el día INVIRTIENDO y visitando negocios, Grant Cardone su regla más esencial es 10X, que significa que todo lo que hagas lo multipliques por 10, ese concepto se refleja perfectamente en su vida, el hombre apenas tiene tiempo para ver a sus hijos. Se lleva a sus hijos al gimnasio por la mañana, antes de ir a la escuela porque es el único momento que puede estar con ellos, pasar un rato en familia y hacer deporte todos juntos. Pero él sabe que trabajar duro es esencial para crecer, aunque no pueda ver a sus hijos, porque sus sueños y trabajo duro le darán de comer a sus hijos y seguramente ellos tendrán un gran patrimonio en el futuro, ellos gracias a Cardone ya tienen un futuro asegurado y tu como gran padre o futuro padre también querrás eso para tus hijos, no sé de dónde vienes, pero pregúntate si tus hijos o futuros hijos quieres que pasen una infancia igual que la tuya o una infancia de abundancia y felicidad plena. Donde en la mesa se hable bien del dinero y no mal como a la mayoría de personas nos suelen decir de pequeños.

Trabaja duro porque el día de mañana todo tu esfuerzo tendrá su recompensa, tendrás mucho más de lo que habías imaginado, vivirás la vida que te mereces, tendrás todos los lujos que deseabas. Porque el trabajo duro al final trae la recompensa y si crees después de lo que te dicho sigues creyendo que no tienes tiempo coge tu cabeza y estámpala.

Nosotros somos dueños de nuestro tiempo y la excusa más fácil que he escuchado para no emprender es no tener tiempo, deja ya de excusarte y levanta la cabeza, se un apasionado de la vida, del trabajo y lucha por tus sueños, porque si no luchas tu por tus propios sueños, nadie lo hará por ti hasta que no tengas un imperio que se sostenga solo.

Todos nacimos con un talento, encuéntralo y exprímelo al máximo, sácale el jugo máximo a tu talento y explótalo. Tu pasión son los negocios, pues entonces coge y emprende, tienes una idea, hazla realidad. Tienes miles ideas, coge las que crees que son mejores i hazlas realidad. Tomar acción te llevara al éxito, el éxito que tanto ansias está a la vuelta de la esquina, solo toma acción y trabaja duro es fácil, pero a la gente mediocre a la primera derrota lo dejan.

Tu no seas como ellos, tu eres el campeón que no sigue las reglas de la gente mediocre, eres una vaca purpura entre vacas blancas.

Naciste para algo y vas a luchar hasta el día que te mueras para hacer realidad tu maldito sueño, sabes lo que más me moleta de las personas, que tiren a la basura el talento que dios les regalo, pero en verdad nadie nace talentoso, nadie es mejor que nadie, lo única diferencia que existe de alguien exitoso y de alguien que no lo es, es que el exitoso le echo un par de huevos y se puso a trabajar duro, horas y horas para alcanzar la disciplina y la habilidad para ser el más grande.

Conor Mcgregor, el primer doble campeón de la UFC, el digo una vez que no era especial, pero que estaba obsesionado con ser el más grande, trabajaba día y noche para ser lo que es hoy en día, el luchador con más ventas de PPV de la historia en la UFC, el luchador que hizo resurgir de las cenizas a la UFC y la convirtió en una compañía aún más grande de lo que era antes.

A partir de ahora vas a luchar duro por tus sueños, vas a luchar duro por tu negocio, día y noche porque te aseguro que en poco tiempo alcanzaras lo que quieres.

PROVEEDORES

Todo el mundo que tenga su propio negocio sabrá que es muy difícil encontrar los mejores proveedores y mayoristas para abastecer tu comercio. Encontrar a los mejores mayoristas, fabricantes, proveedores o distribuidores no es una tarea sencilla.

En muchas ocasiones cuando se decide emprender y ya se tiene la idea de negocio es difícil encontrar a un proveedor que satisfaga realmente tus necesidades. Por ello, desde la experiencia os voy a contar algunos consejos para encontrar a los mejores mayoristas para tu negocio.

Una de las opciones para encontrar a los mejores proveedores es acudir a las asociaciones sectoriales de tu zona, allí si les comentas tu idea de negocio seguro que te aconsejan de manera personalizada. Además, en este tipo de asociaciones aparte de recomendarte a los proveedores de tu zona les pueden facilitar datos de contacto si conocen a alguien que se dedique a lo que tú estás buscando. Puede ser una buena manera para empezar a buscar proveedores y hacerte a la idea de precios y métodos de trabajo, aunque normalmente suelen ser ligeramente más caros que distribuidores extranjeros, aunque siempre te ofrecerán otras ventajas como cercanía y calidad.

Otra forma de encontrar a los mejores mayoristas para tu negocio es contratando a un asesor, existen muchas empresas y expertos que se dedican a ello. Tú les cuentas tu idea de negocio, el lugar en el que te vas a establecer, la inversión que has realizado y todos los detalles sobre tu comercio y ellos se encargan de buscar, estudiar y encontrar a los mejores proveedores.

También puedes decantarte por realizar una búsqueda en Internet y contactar con los mayoristas que ofrezcan lo que tú deseas para pedirles un presupuesto. Aunque de esta manera no tendrás apenas referencias y experiencias de los proveedores.

Asimismo, la búsqueda en Internet será algo complicada porque seguro que encuentras cientos de empresas que ofrezcan el producto que tú buscas y no sabrás por qué decantarte. Ante tantas compañías mayoristas tendrás que estudiar las ventajas e inconvenientes de cada una de ellas.

Por ejemplo, tendrás que decantarte por una empresa nacional o internacional teniendo en cuenta más factores que el precio y la calidad como el tiempo de envío o los canales de comunicación.

OPERAMOS BASANDONOS EN EL COSTE

Todo en el negocio se calcula, todo. No puedes perder un céntimo sin saberlo, sino sabes los números de tu empresa es que no la conoces. Si eres barbero calcula cuanto tardas en cortar el pelo, la gomina, los minutos del secador, el agua y champú que usaste para lavarle el pelo.

Si eres un cocinero de una hamburguesería calcula las patatas, la carne, el pan, la cebolla, el queso etc...Si entiendes de número y sabes cómo operar con ellos tendrás un buen margen de beneficio.

He visitado negocios que no sabían el coste de su producto, la mayoría empresas de hostelería, porque suele ser más difícil calcular el coste, pero hay que calcularlo, sino no sabes cuánto estás ganando y perdiendo, el éxito se basa en cuanto lo compras y a cuánto lo vendes.

"Solo si tienes productos rentables, podrás construir una empresa exitosa"

Es necesario sentarte a plantear la viabilidad del producto o servicio, en otras palabras, los costos: ¿Cuánto me cuesta producir este producto? ¿Cuánto quiero ganarle?, pues se trata de un negocio que debe generar sus propios recursos.

De acuerdo con la "Teoría de los Precios" de Milton Fridman, la fórmula para estimar costos es la siguiente:

Costos fijos totales + Cálculo de costos variables totales = La suma de costos fijos y variables.

La suma de costos fijos y variables / Su producción total estimada = Costo por unidad de producción.

Con base en los factores mencionados, puedes determinar el porcentaje de utilidad. Si deseas utilizar el 30%, por ejemplo, agrega el porcentaje de utilidad del 30% al 100%. Multiplica el 130% por el costo de tu producto. Eso te dará el precio de venta para tu producto.

Pero si se trata de pasos, te recomendamos lo siguiente para fijar tus precios:

1. Identifica y evalúa el mercado al que tu producto o servicio va dirigido. Conoce a quienes les ayudarás a resolver una necesidad, dónde se encuentran, qué edades tienen, cuántos son y cómo actúan.

2. Estudia la oferta de tus competidores. Siendo realista, no hay industria en la que no exista competencia, así que analiza cuál es el precio que actualmente está ofreciendo tu competidor: si es un precio elevado, muy bajo o razonable.

3. Sobre tu producto o servicio, ¿es simple o complejo? Define si es duradero o no duradero. Un producto no duradero es un producto que cumple una necesidad básica e inmediata, que se consume de forma rápida y por lo tanto tiene un precio bajo.

4. Establece tus costos fijos y variables. Para ello es necesario que cuantifiques los costos fijos que deberás cubrir mes a mes para que tu producto pueda estar en el mercado; un ejemplo de estos costos son: luz eléctrica, sueldos, teléfono, alquiler, etc. Por otra parte, los costos variables son los costos que van totalmente relacionados con tu cantidad de producción, es decir, es la materia prima de la que está hecho tu producto.

5. Define tu porcentaje de utilidad deseado. Una vez que identificaste los costos de tu producto el siguiente paso es simple: ¿Cuánto quieres ganar o cuánto crees que tu producto vale? Te recomiendo que lo asignes en porcentaje porque así te será más sencillo el manejo de tu negocio, defínelo en términos como: "Quiero tener un margen de utilidad del 25% por cada producto vendido".

6. Evalúa tu propuesta de valor. Hacer este análisis es fundamental y es necesario que tomes en cuenta:

¿Qué propuesta les estás dando a tus futuros clientes?

¿Qué valor les dará tu producto o servicio para resolver sus necesidades?

Tu producto, ¿hace una combinación adecuada entre costos variables bajos y un buen producto de calidad? ¿Qué tan eficaz serás en resolver sus necesidades comparándote con la competencia?

CAMBIA TU MAQUINARIA ANTIGUA

Precise graphics es una compañía de diseño gráfico fundada en 2004, al año facturaba cinco millones en ventas. Marcus fue a visitar la fábrica porque le interesaba invertir en ella. El gran interés de Marcus por la empresa era porque necesitaba un fabricante de carteles para sus diferentes empresas y así obtener mayor descuento siendo uno de los socios de la empresa de diseño gráfico. Un tío listo en los negocios. La empresa tenía una gran fábrica antigua, construida hace 100 años, por desgracia muchos de los equipos también eran viejos, algunos no funcionaban o estaban dañados y otros no funcionaban a su máxima capacidad. Los propietarios no querían gastar dinero. Tenían miedo a endeudarse y gastar dinero en maquinaria nueva y caer por falta de control de los gastos. Marcus con su inversión decidió invertir en maquinaria nueva.

La industria de gráficos y carteles, requiere tecnologías y equipos de última generación, por desgracia ellos trabajaban con equipos viejos y desactualizados, causando ineficiencia y muchos errores. Hasta los mismos empleados sugerían de comprar nuevos equipos más confiables para el trabajo. Si tu negocio tiene maquinaria antigua y desactualizado, invierte dinero en comprar nuevos equipos. No puedes trabajar rápido y eficiente con equipos antiguos, a día de hoy hay mucha competencia y para ser los mejores en el sector que estemos trabajando, hay que tener lo mejor.

Hay que estar invirtiendo constantemente cuando tienes un negocio que se basa en tecnología, como vas a ser el mejor del mercado con tecnología pasada.

Enseñaban futuros proyectos a sus clientes en discos ssd optimice, no sabía ni que existían aun, yo no sé cómo no les daba vergüenza trabajar con ese material.

Pero hay muchos negocios así, que les da miedo endeudarse en maquinaria nueva, que no entienden que pierden tiempo y productividad con maquinaria antigua, da igual en que sector estés si estas en el hotelero, alimenticio, industrial, etc…Da exactamente igual hay que invertir en maquinaria nueva, cuando tu estas pagando a tus trabajadores y ellos producen, están produciendo más lentos por la maquinaria anticuada con la que están trabajando, contra más lento trabajen, menos producen y contra menos producen, menos podrás vender que al final se traduce con tiempo perdido, el tiempo es valioso porque cuando pierdes tiempo en los negocios equivale a dinero, el tiempo es igual a dinero, no quiero que pierdas dinero y si te tienes que endeudarte para comprar maquinaria nueva lo haces.

Pongamos que tienes una fábrica de producción de velas, y directamente no tienes maquinaria, pero si tienes empleados que trabajan en producir tus velas, ellos producen con los materiales que les estas ofreciendo que son escasos, pero producen poco por la falta de maquinaria y recursos que hicieran acelerar el proceso de producción. Un empleado tuyo produce 50 velas la hora con un coste del empleado de 10 euros la hora de trabajo.

Y en la actualidad vendes las velas a 10 euros, pongamos que los materiales te cuestan 4 euros por cada vela, en total son 500 euros menos 200 de material equivale a 30, menos 10 euros del trabajo del empleado, vale te llevas 290 euros de beneficio a la hora, no está mal pero y si tuvieras una máquina que acelerara el proceso de producción y te produjese a la hora 100 velas, eso equivale a 580 euros de beneficio, pero tienes miedo a endeudarte, pero la maquia nueva solo te saca 80 euros del beneficio. Al final te llevas 210 euros más si estuvieras endeudado, a que no suena mal? Saldrías más beneficiado endeudado.

No tengas miedo en comprar maquinaria nueva y endeudarte, saldrás más beneficiado.

RAPIDA ATENCION

Una de las principales claves en el servicio al cliente es la rápida atención. Una atención de excelente calidad podría quedar arruinada si se le hace esperar de más al cliente. No hay nada peor para éste que tener que esperar demasiado, ya sea para que lo atiendan, para que le entreguen un producto o para que le brinden un servicio.

Por ejemplo, en el caso de una pizzería, una buena pizza quedaría arruinada si el cliente tuviera que esperar mucho a que lo atiendan, si te que esperar demasiado para coger nota o si tiene que esperar más de lo normal para que le traigan la cuenta. La rápida atención empieza por atender inmediatamente al cliente apenas éste ingrese al local de nuestro negocio.

Si estamos ocupados, al menos debemos acercarnos a él y decirle que enseguida lo estaremos atendiendo, decirle que tome asiento que pronto estaremos con él, o simplemente darle la carta del menú y hacerle saber que hemos notado su presencia y que en cuanto podamos lo vamos a atender.

Veamos a continuación algunos consejos que nos ayudarán a brindar una rápida atención al cliente:

1. Crear procesos simples y eficientes: mientras más simples y eficientes sean nuestros procesos, más rápido podremos atener al cliente. Un ejemplo de un proceso simple y eficiente podría uno que implique el uso de una plataforma en Internet o una aplicación para Smartphone que nos permita tomar los pedidos del cliente antes de que éste visite nuestro local.

2. Tener el número adecuado de personal: para atender rápidamente al cliente debemos procurar contar con el número adecuado de personal. Debemos tener siempre presente que por querer reducir costos en personal, podríamos terminar por perder clientes.

3. Capacitar al personal: debemos capacitar y entrenar al personal en brindar un excelente servicio al cliente y, sobre todo, hacerle notar la importancia de brindar siempre una rápida atención.

4. Delegar autoridad: debemos procurar que un mismo trabajador sea capaz de atender una queja o reclamo, solucionar un problema o hacer concesiones con un cliente, sin que tenga que estar consultando a sus superiores sobre qué decisiones tomar, o que el cliente tenga que estar siendo remitido a diferentes trabajadores y estar explicando nuevamente su problema a todos.

Incentivar el trabajo en equipo: debemos hacer que nuestro personal trabaje en equipo y no aisladamente. Nada es más irritante para un cliente que oír a un trabajador contestarle que no puede atender su solicitud porque él no era quien lo estaba atendiendo.

A la hora de hacer tratos también hay que brindar un servicio de rapidez, si algún empresario quiere comprar tu servicio y lo necesita de aquí 2 semanas, tu tardas en hacer el trabajo 3 semanas, que es lo que harías? Por supuesto decirle que si no? Si te tienes que quedar más horas trabajando te quedas, puedes ser que algún día ese cliente, sea un cliente muy potencial al largo plazo,

Nunca digas que no en hacer tratos, obviamente tendrás que trabajar más duro, pero al final el trabajo duro atrae la riqueza, si tienes que contratar nuevo personal por un encargo de un cliente, hazlo, no pierdas un cliente por falta de trabajadores que disminuyan el tiempo de proceso de tu producto, lo importante es que siempre haya trabajo que hacer. Un trabajador comienza a no ser rentable cuando no hay trabajo y eso creo que todo el mundo lo sabe.

MUESTRA EL PROCESO A TU CLIENTE

Algo que encanta ver en los negocios es el proceso de fabricación del producto que ofrecen. Y no sólo a mí, tengo comprobado que suelen confiar más en el servicio cuando muestran el proceso.

Ponte en la situación de una empresa que era líder en su sector, pero un día hay un fallo en el proceso, un accidente y ya tienen mala reputación por el incidente, la gente ya comienza a desconfiar de la empresa, ya no sienten esa confianza que antes transmitía la empresa, la confianza para los consumidores es esencial para poder comprar los productos del negocio, a la empresa después del incidente le costara mucho volver a ser líderes en el sector, pero cuál sería la estrategia correcta para volver a ser líder? Si fallaron en el proceso, lo más inteligente seria mostrar el proceso, como han cambiad desde el incidente, como han impuesto más medidas de seguridad, han solucionado problemas anteriores

Las grandes empresas industriales suelen mostrar el proceso a sus futuros clientes, es un gesto y una estrategia para mostrar confianza de su producto o servicio. Pero no lo solemos ver en pequeños negocios, ejemplos: restaurantes, pastelerías, tiendas de ropa, tiendas de cosméticos, etc....

Domino's pizza está estrategia la implanta perfectamente, en España las pizzerías Domino's tienen una gran cristalera que muestra la cocina, muchos clientes se quedan observando como elaboran las pizzas tan buenas que llegan hacer y lo mejor es que muestran al cliente muchos aspectos que han llegado al punto que Domino's es el número 1 líder en pizzería s en todo el mundo. Aspectos que muestras al cliente elaborando está estrategia: limpieza, orden, calidad, confianza etc...

Tú como gran visionario tendrías que aplicar esta estrategia en tu negocio, la confianza atrae a muchos clientes y recomendaran tu negocio a familiares, amigos etc…

La pregunta es: Como puedo aplicarla?

Fácil, si tienes un restaurante pones una cámara que grabé la cocina i una pantalla en la sala de mesas, si tienes una tienda de cosméticos, en el escaparate un pantalla que muestre un video de la fabricación de los productos, si tienes una tienda de ropa, en el escaparate un video de la fabricación de la ropa. Más de un cliente se queda observando el vídeo de la fabricación de cualquier producto, porque? porque es extraño pasar por la calle fijarte en una tienda y ver que tiene una video que muestra el proceso de fabricación de sus productos, lo extraño atrae, crea la diferencia sino nunca resaltaras.

En este mundo si no te diferencias de tus rivales no resaltaras, esta estrategia se puede utilizar perfectamente en cualquier negocio, ganaras una gran confianza en tus clientes, ellos mismo se darán cuenta, que no tienes miedo a mostrar el proceso de fabricación de tu productos, porque no hay nada extraño en el proceso, muchas cocinas de restaurantes cuando entras estas muy sucias, empresas industriales que tratan mal a sus trabajadores y les pagan una miseria. Utiliza esta estrategia y ganaras clientes.

TIENES QUE ENDEUDARTE

Para crecer tienes que endeudarte. Las deudas son buenas si se utilizan para adquirir o agrandar activos. No son buenas para comprar pasivos.

A la gente no le queda claro el concepto de arriba. Tienen miedo a pedir un préstamo para agrandar su negocio, pero no tienen miedo a endeudarse para comprarse una casa. Encima nuestro amigo y familiares nos felicitan cuando adquirimos una hipoteca Nos han enseñado desde pequeños a ser así.

Y tú no tienes que ser así, como asesor de negocios he observado y escuchado muchos de mis clientes, tener miedo a adquirir un préstamo nuevo después de pagar anteriores préstamos, pero los anteriores fueron para comprar pasivos, la típica frase que escucho "Ahora que estoy limpio no voy a adquirir un préstamo ni loco" y mi pregunta siempre es la misma, y como piensas crecer? Vamos hombre los ricos están endeudados hasta las cejas, pero son deudas buenas que cada mes reciben una gran beneficio y rentabilidad de sus negocios gracias a las deudas, si adquieres deudas para crecer, tu dinero crecerá el triple antes de no endeudarte. Donald Trump dijo una vez "las deudas son muy útiles para mí, cuando visualizo en mi mente un gran rascacielos necesito pedir un préstamo para construirlo, porque no es lo mismo pensar en construir unas oficinas de 5 plantas, a un rascacielos de 100 plantas, lo que marca la diferencia en alguien exitoso o no es en su manera de pensar en grande" esta frase define bien si quieres estar en la grandeza o estar con tus rivales comiendo migas de pan.

Yo cuando hablo con amigos de inversiones ellos me dicen a ver si perderás todo el dinero, mejor que te compres un coche con ese dinero. Esta típica gente son las típicas que se quejan del gobierno por no tener dinero. No tienes dinero porque prefieres gastarlo antes que invertirlo i eso conlleva la pobreza.

Nadie sabe si funcionará si inviertes en una idea porque el futuro no se sabe, pero si no lo pruebas nunca lo sabrás. A día de hoy hay más pobres que ricos por la mentalidad que tenemos del dinero y del endeudamiento. Si no te endeudas no creces como negocio, no le tengas miedo a lo que vendrá si inviertes en tu negocio, es peor no probarlo y nunca a ver sabido que hubiera pasado.

Seguramente muchas veces fallarás pero el error es lo más normal y cada error es un aprendizaje, la gente suele probarlo y fallan i ya se olvidan de la idea, los ricos fallan y vuelven a intentarlo hasta que lo consiguen. La deuda es la mejor herramienta financiera que ha llegado a crear el ser humano. Con la deuda puedes llevar a tu empresa a unos niveles impensables, puedes hacerla crecer y eso conlleva a crear más empleos, ayudarías a personas que tuvieran un sueldo cada mes.

Os acordáis de Mr.GreenTea, los heladeros que crearon su propia fábrica? el propietario, un hombre mayor, tenía miedo de que saliera todo mal después de crear la fábrica y endeudarse, porque llevaba mucho tiempo en la zona de confort y tenía miedo de salir de ella, pero el hijo del propietario le insistía cada día para abrir su propia fábrica y así aumentar sus ingresos.

Suele pasar en la vida en general que nos cuesta salir de la zona de confort, pero os diré algo, siempre hay que estar fuera de la zona de confort para llegar al éxito. Nunca deberías de estar cómodo si quieres llegar a la cúspide de los negocios, recuerda que todo empresario tiene deudas, pero son deudas buenas, cada mes recibes grandes cheques gracias a las deudas, porque si no fueran por ellas aun estarías con poco beneficio.

Piénsalo, yo soy un inversor en bolsa también, no hay ninguna empresa que no tenga deudas en el mercado estadounidense, por algo será no amigos, todos tenemos que crecer, se crece con el dinero del banco o con dinero de inversionistas, lo malo de los inversionistas es que te pedirán a cambio si invierten acciones de la empresa, tiene ventajas y desventajas, tienes que analizar qué es lo que le iría mejor a tu negocio.

NO TENGAS UN UNICO CLIENTE

Nunca dependas de un solo cliente, cuando hablo de depender de un solo cliente, estoy hablando de fábricas que produzcan un tipo de producto, no voy hablar de tiendas o restaurantes que puede entrar mucha gente porque esta cara al público, pero una fábrica no, muchas veces se creen empresas de producción solo para un tipo de producto, eso es un gran error que te puede costar muy caro, porque siempre dependerás de ese producto, si dejara de gustar tu único producto, acabarías en bancarrota. Recordáis la empresa **PRECISE GRHAPIC**, una empresa con maquinaria antigua y la fábrica muy antigua, pues esta empresa tenía un gran cliente, un cliente que el 80% de los beneficios de **PRECISE** eran del gran cliente, Marcus por estos márgenes dejaban en duda si invertir o no a esta empresa.

Suelo verlo en muchas empresas que depende de un 80% del beneficio que tienen de un solo cliente, es muy arriesgado para tu negocio. Imagínate que todo va muy bien con tu único cliente, puedes ganarte un buen salario y pagarles a tus trabajadores con los pedidos de tu único cliente, pero llega el día que la economía baja, tu cliente comienza a disminuir sus pedidos y tú ganancias comienzan a bajar. Tu preocupación y angustia aumenta y los trabajadores lo notan, aún puedes pagarles y vivir bajo tus posibilidades, pero llega el punto que tu cliente corta la relación porque ya no vende. Ya sabes cómo acaba la historia no? tú en bancarrota y tus trabajadores a la calle.

Lo que te acabo de contar no te lo deseo que te pase, pero tienes que darte cuenta que si tienes un único cliente puede llegar a pasar, no predecimos el futuro, por eso tienes que darte cuenta y ponerte a buscar clientes, un cliente en tu cartera es arriesgado pero si tienes diez aunque caiga uno tienes los nueve restantes. Nunca dejes de buscar clientes, crea tu propio departamento de búsqueda. Muchas empresas tienen una cartera buena de clientes y ya dejan de buscar o a veces rechazan nuevos clientes, porque no hay personal o material para más clientes potenciales. Si no hay personal, contrata más. Si no hay más material, demanda más material. No puedes dejar escapar la oportunidad de tener otro cliente más en tu cartera, nunca se sabe si puede pedirte millones en el futuro.

Crees que Marcus rechaza algún cliente, no y si hay que trabajar él se pone a trabajar primero antes que su equipo, porque los clientes son lo primero en un negocio y nunca le digas que no a un cliente.

Y ya hemos llegado al final del apartado de proceso, espero que os haya gustado y pasemos al siguiente tema.

PRODUCTO

Tu producto o servicio es un pilar muy importante, puede llevarte a diferenciarte a gran escala de la competencia, los dos pilares anteriores son muy importantes, pero el más importante es el pilar de personas, si vale que un gran producto te llevara a la cima, hay muchos ejemplos, airbnb una aplicación de alojamientos turísticos, esta aplicación arraso el mercado hotelero, el mercado hotelero comenzó a temerle a airbnb, porque sabían lo poderoso que eran, porque es una empresa de alojamiento turístico y no tiene alojamientos físicos, eso significa cero gastos de mantenimientos hoteleros, un gran impacto en todo el mundo, porque airbnb tiene alojamientos por todas las partes del mundo que puedas llegar a imaginar y una de las cosas que más la diferencian a airbnb, es el precio tan bajo, tiene unos precios muy bajos a comparación de hoteles.

No hay duda que airbnb es un gran producto, pero si este gran producto fue pensado por otra persona que no fue el creador, seguramente hubiera fallado y hubiera tirado la toalla por no saber cómo crearlo, y si el mismo creador nada más empezar la empresa con la presión que uno tiene de crear algo tan grande, deja de gustarle lo que está creando y decide tirar la toalla.

Este último ejemplo se suele decir que iba en el vehículo equivocado, dicen que los productos son vehículos, tienes que probar cada vehículo que te de la vida, porque al final encontraras el vehículo correcto, el que sepas manejar bien, el que conducirás hacia el camino del éxito, en ese mismo instante pensaras soy un genio, pero no lo eres, es porque al final has escogido el vehículo perfecto que se adaptaba a ti, porque habías probado antes habías tomado el riesgo de probar 10 autos más y no eran el coche correcto para ti. A sí que antes de encontrar un negocio ganador, un producto ganador, tendrás que probar muchos negocios antes y seguramente fallaras, pero la clave del éxito es la consistencia y en este mundo necesitaras mucha consistencia.

Recordemos algo de Apple, en esos momentos que era la mayor empresa de tecnología cuando estaba Steve Jobs. Ha día de hoy ya no están revolucionaria como lo era antes, pero os voy a recordar algo. La gran Apple, recuerdo cuando estaba Steve Jobs, todo lo que sacaban se convertía en oro, todos los productos que anunciaban, la gente estaba ya por la noche del día antes de la apertura de las tiendas Apple esperando en las puertas para comprar lo que anunciaban, es una locura, era la empresa más rentable en ese momento, sus productos eran tan buenos que se viral izaban ante la competencia, eran los más innovadores del mercado tecnológico y eso conlleva el éxito, llegaron a la cima con sus productos, todo el mundo quería un iPhone y el quien no lo tenía, lo quería.

Una buena técnica que usaba Steve Jobs era anunciar un nuevo producto como un gran evento y todo el mundo iba y la magia de Steve Jobs es que él estaba enamorado de su producto y la gente se enamoraba de su producto también, lo vendía tan bien sus productos en el evento que la gente parecía que estuvieran encantados como la serpiente de su encantador.

Steve Jobs era el encantador y la serpiente el público, era impresionante, un gran producto con la cara correcta que lo vende, un éxito asegurado.

Pero Apple está cayendo a día de hoy, ya no son los innovadores que eran antes, los precios de sus productos son desorbitantes, el mercado del Smartphone está saturado, desde que bajaron la facturación de los Smartphone cambiaron la estrategia, han diversificado el riesgo y han optado por lanzar nuevos productos como : Apple TV , la tarjeta de crédito Apple, etc....

En este apartado de Producto te daré las claves para crear, identificar y vender tu producto, vas a transformar un gran cambio en tu negocio después de leer este gran apartado, sin más rodeos comenzamos.

IDENTIFICA O CREA UN PRODUCTO

Que es lo que vas a ofrecer? esta pregunta es muy poderosa, la tienes que utilizar y preguntártela cada vez que vayas abrir un negocio, que le voy a ofrecer al mundo? que tienes tú, que el mundo lo querrá. El mundo escucha todas las ideas, pero solo con algunas interactúan, vamos por la calle y hay miles de cosas que nos quieren vender, solo el 1% de las cosas que vemos lo compramos, que vas a ofrecer al mundo, recuerda cada vez que abras un negocio pregúntatelo.

Hay tres formas de hacerse rico:

Con la especulación.

Contrayendo matrimonio con alguien rico.

Vendiendo un producto o servicio que resuelva un problema.

No todo el mundo es Jeff Bezos o Mark Zuckerberg, hay muchos problemas que tienen soluciones a tu alrededor, a veces con la cosa más sencilla puedes hacerte rico,

Recuerdo que detecte un problema en mi pueblo, no había peluquería solo para hombres y a 10km en otro pueblo había una, todos los de mi pueblo recorrían esos 10km para ir a cortarse el pelo, pensé puedo abrir una peluquería i contratar un peluquero i vender el mismo servicio que la peluquería del pueblo de al lado.

En este negocio estaba solucionado el problema de coger cada vez el coche, recorrerte los 10km para ir a cortarte el pelo. Cuando abrí al mes siguiente todos los hombres de mi pueblo venían una vez al mes a cortarse el pelo, mi pueblo consta de 7,000 habitantes y pongamos una media de 3,500 hombres (ancianos, niños) y la media de hombres que entran a mi peluquería al mes, es de 500 a 700 hombres, cortando el pelo a 10€, me sacaba entre 5.000 a 7.000 mensualmente. No es mucho pero fue uno de mis primeros negocios que abrí y aprendí mucho de él. Cómo veis yo solucione un problema y fue un éxito.

Cuando comencé asesorar negocios, me comenzaron a comprar servicios algunos negocios que estaban cayendo, como imprentas o quioscos, me preguntaban cómo les podía ayudar para no tener pérdidas y sabéis mi respuesta, les dije, lo mejor que podéis hacer es cerrar la tienda, esos servicios o productos con la era digital estaban a punto de quebrar, cada vez más las noticias están en el móvil y no en los periódicos, los anuncios más rentables ya no están en la Televisión están en YouTube o Facebook. Todo está en internet y si tienes algún negocio como imprenta, quiosco, tienda de discos, cierra y abre algo interesante con visión de futuro A veces hay que reinventarse, sino te pasará como Kodak o Nokia, Nokia era líder vendiendo móviles pero no supo innovar y cayó en el mercado.

Cuando hablamos de un producto nuevo, no necesariamente significa algo que nadie nunca haya hecho. Un nuevo producto puede ser una versión mejorada de uno ya existente, o una versión diferente de algo que alguien más ya haya hecho. De todas formas, lo importante es saber identificar qué necesita realmente el cliente de esa área, porque solo así, sabrás exactamente que producto crear. Ya sea una deficiencia, o algo que nadie ha pensado aún, si te fijas en las necesidades del mercado, tu producto será algo completamente nuevo.

LA FORMULA DEL EJE

La fórmula del eje es una herramienta que puedes utilizar en todos tus negocios, no que puedas usar, es que es obligatoria a la hora de crear nuevos productos, es la herramienta más eficaz y esencial a la hora de crear nuevos productos. Esta herramienta nunca la había escuchado ni visto desde que vi un programa de Marcus, fue creada por él y me enamoré de esta herramienta, llevo años en los negocios y en la vida nunca he escuchado de ella. En el programa 8 de la temporada 3 Marcus visita una tienda de cosméticos y cuidado personal, en KANSAS CITY se encontraba la compañía THE LANO COMPANY , la fundadora siempre tenía los labios agrietados y desde que nació su hija comenzó a usar lanolina de la lecha de lactancia y comenzó a tener los labios suaves, ese momento la motivo para crear su producto estrella , protector labial con lanolina, está compañía se fundó en el año 2005 desde la cocina de su casa y al año siguiente estaba facturando 2 millones, una historia inspiradora, a día de hoy factura millones en venta. En esta tienda tenían un producto estrella que vendían grandes cantidades y los otros que sacaban en el mercado no vendían nada. Aquí el problema era que sacaban muchos productos y no los vendían, porque no llamaban la atención de la gente, pero uno destacaba entre los demás, el producto estrella se vendía solo, no requería ni de marketing.

Así que Marcus vio un gran potencial de crecimiento y decidió invertir, al poco tiempo de invertir decidió crear una nueva línea de productos enfocados en su producto estrella, que era el protector labial. La rueda del eje de basa en coger tu producto estrella y sacarle complementos. Marcus comenzó a sacar complementos en base la lanolina, por ejemplo: jabón de manos con lanolina, crema de manos con lanolina, cremas con lanolina, etc...

Tú si tienes un producto estrella lo que tienes que hacer es sacar complementos en base ella. Pongamos el ejemplo que tienes un restaurante, para cambiar de nicho, pues coges tu producto estrella, una hamburguesa, sus complementos que los podrías añadir en un pack sería: la bebida, unas Nuggets, las salsas, helado o café, etc...

Otro ejemplo: tienda de mascotas, tus productos o servicios complementarios serían: peluquería para animales, peluquería para animales a domicilio, un veterinario, una pequeña perrera para que adopten animales y no los compren

Otro ejemplo: fábricas ropa fitness, tus productos complementarios serían: botellas para beber, brazaletes con el nombre de la marca, artículos fitness, todo un nicho del mundo del fitness.

Te puesto mucho ejemplos para que puedas usar la mente y te pongas a crear a innovar en nuevos productos, en toda empresa innovar es necesario, hasta la típica empresa tradicional, un claro ejemplo de empresa tradicional que innova aunque no le haga mucha falta es Coca Cola, Coca Cola es una empresa que siempre está innovando y escuchando lo que quiere el mercado, seguramente desde que naciste hasta ahora, el envase de Coca Cola ha cambiado muchísimo, los anuncios seguramente también han cambiado, la empresa Coca Cola también ha sacado nuevos productos muy exitosos, por ejemplo: fanta, aquarius, nestea. Podríamos decir que Coca Cola Company tiene un gran monopolio de las bebidas refrescantes.

Muchas veces ya no sabemos innovar, pero si comprar nuevas empresas innovadoras que salen al mercado de nuestro nicho, un claro ejemplo es Facebook. Facebook es una empresa que innovo al principio muchísimo con su plataforma de comunicación global, pero han salido nuevos jugadores al mercado y ellos se han dado cuenta que iban a ser exitoso en el futuro y al final lo compran, un claro ejemplo de cómo Facebook tiene claro lo que es innovación, fue cuando compro Instagram o WhatsApp, se dejó millones al comprarlas pero seguro que le han retornado el doble de la inversión.

TU PRODUCTO ESTRELLA

Muchas veces creemos que el producto estrella que vendemos, es el que sacamos mayor beneficio, pero la mayoría de las veces no es así. El producto estrella a veces solo se utiliza para llamar la atención del cliente y lo adquiera, con esa adquisición necesitará de complementos para que pueda utilizarlo.

Te pondré varios ejemplos:

Nespresso una de las empresas más grandes de café, donde el protagonista de la mayoría de los anuncios es el famosos George Clooney. Es una empresa que vende café mundialmente, ahora todo el mundo piensa que el mayor negocio que tienen es vender las cafeteras no? Pues no, el mayor negocio está en que cada vez que tienen que tomar un café necesitan de las cápsulas Nespresso, seguramente que también tendrán un gran margen de beneficio cuando venden las cafeteras. Pero su mayor negocio y donde tienen los márgenes más altos de beneficio Nespresso son en las cápsulas de café, porque en la maquina Nespresso solo se pueden utilizar las capsulas Nespresso, las capsulas de otras marcas no se adaptan a la máquina y el precio de las capsulas es un poco elevado, yo lo diría un negocio redondo.

HP una de las empresas más grandes en vender productos tecnológicos en Estados Unidos y alrededor del mundo, ellos cuando te venden una impresora también tendrán un beneficio, pero dónde sacan el buen margen de beneficio es que cada vez que se te acabe la tinta, tienes que comprar tinta especial HP.

Es uno de los mayores negocios estos dos ejemplos que te comentado, cuando ya adquieren tu producto, aún necesitaran de complementos para poder utilizar el producto estrella.

Pero ahora vayámonos al negocio de la hostelería, os acordáis de la hamburguesería del concepto personas, pues vamos hablar un poco más de ella, standard Burger estaba teniendo el 80% del beneficio solo de las hamburguesas y Marcus decidió que no puedes tener un negocio que la mayoría del beneficio solo proviene de un producto. Pero tenían un producto especial donde los márgenes de beneficio eran más del 80% y no lo estaban vendiendo como se merece con esos márgenes. El producto era un batido delicioso que les costaba 1'80 y lo estaban vendiendo a 4$ así que en cada menú de las hamburguesas añadieron el batido, hagamos cálculos porque seguramente os gustara, standard Burger tenían 100 asientos que se ocupaban 3 veces al día, eso equivale a 300 personas al día, 300 personas por 4$ que vendían el batido, eso equivale a 1200$ solo en batidos al día.

Imaginaros el poder de tener un producto con márgenes altos, una vez escuche que McDonald's donde tenían los mayores beneficios eran de las patatas y los helados. A veces creemos que el mayor beneficio vienen de los productos que promocionan pero la mayoría de veces solo es para atraer a las personas, la hamburguesa atrae pero el batido es donde están los grandes márgenes.

Ahora lo que tienes que hacer es buscar un gran producto, un producto que atraiga las miradas de las personas y luego busca un producto complementario, donde los márgenes de beneficio sean bastante altos.

Otra anécdota del programa de Marcus que detecte y me impresionó la capacidad de visión que tienes Marcus, fue cuando visitó una castillería típica de Estados Unidos, una castillería que ofrecía buffet y en el buffet había un producto que todos elegían para sus menús, nadie se iba con el plato sin ese producto, un bizcocho pequeño buenísimo, se veía tan delicioso en la televisión. Pues Marcus vio el gran potencial de ese producto tan delicioso, vio tanto el potencial que quiso comprar los derechos del producto para la venta nacional. Comenzó a diseñar el empaquetado de los bizcochos al día siguiente ya, hablo con los propietarios para crear una pequeña fábrica de bizcochos para la venta nacional. A los pocos meses ya comenzó a vender grandes cantidades de bizcochitos por todo Estados Unidos, vamos un éxito total.

De esta anécdota quiero que saquéis que vuestro producto ganador puede estar al lado vuestro y vosotros no daros ni cuenta. Sé que he mencionado muchos ejemplos, pero todos desde un punto de vista diferente, para que os quede claro el concepto y no tengáis dudas por el nicho que estéis vosotros.

Observar bien los productos que ofrecéis y observar que demandan más los clientes, porque puede ser que tengáis una mina de oro muy cerca. La clave es detectar lo que más demanda el cliente.

MAYOR BENEFICIO, MAYOR VISIBILIDAD

En el concepto anterior hemos estado hablando de los productos complementarios con grandes márgenes, en este apartado hablaremos de productos no complementarios con grandes márgenes.

Existen muchos productos que los podemos identificar y vender solos, no como un complemento. Todo depende de la visión que tú tengas del producto. Starbucks es una de las compañías más grandes que vende café por todo el mundo y para muchos negocios el café es un complemento, para muchos restaurantes el café es un complemento con grandes márgenes de beneficio.

Pero fíjate que Starbucks cogió un producto complementario y creo un imperio gracias a él. Solo eligió un producto que tuviera mucha demanda y transformó el servicio de venta del café. Poca gente tiene la gran capacidad de elegir un producto tradicional y crear un imperio. Tu visión es buena de agregar complementos a tus promociones pero y si esos complementos pueden ser un producto exitoso. En el apartado anterior, un claro ejemplo eran los bizcochitos de la castillería, Marcus tuvo esa visión de que era un producto ganador y tomo acción. Y hay muchos más ejemplos que comentaremos, pero tenéis que tener los ojos bien abiertos con vuestro negocio.

Una de las técnicas que más usan en los supermercados para que la gente compre, se basa en compras de impulso, tú estás esperando en la cola y observas que hay golosinas, chicles, caramelos, tú ahora mismo estarás pensando, yo me resisto, claro que te resistes pero no lo hacen para ti, está estrategia la han creado para los niños. A que niño no le gustan las golosinas? A todos los niños les encantan las golosinas, estos productos tienen un gran margen de beneficio, lo digo por experiencia. Y si al factor golosinas lo añades en grandes colas de espera, al niño seguramente no le dirás qué no, solemos caer en esa trampa que crean los comercios, pero cuando es grande la cola hasta los adultos caemos en la tentación, es difícil no mirar a los lados sabiendo que tienes todo tipo de comida chatarra y deliciosa, a veces miramos solo por curiosidad para saber lo que hay.

Primark es una de las cadenas más grandes de venta ropa low cost, ellos tienen unas colas muy largas porque tienen bien estudiada la mente del consumidor y a que no sabéis que hay en esas colas tan largas? Ropa ya te digo que no, comida chatarra de todo tipo, regaliz, caramelos, chocolate, etc...

Pero ellos han pasado a un siguiente nivel, en esas colas largas y lentas que los fines de semana te desesperas con la gente que hay esperando para pagar su ropa, tienes todo tipo de baratijas, pintalabios, set de manicura, cuchillas, espuma de afeitar, juguetes pequeños. Los típicos productos innecesarios muchos de ellos baratos que te hacen llamar la atención. Ahora tú usa esta estrategia, porque las colas desesperan y te quitan dinero de la cartera.

Ahora os pondré otro ejemplo, sabes porque pongo tantos ejemplos en cada apartado, porque el tema explicado se recuerda antes en la mente con ejemplos reales y prácticos.

Pasemos al siguiente ejemplo:

Marcus decidió invertir en una tienda de animales, le llamó la atención para invertir en este negocio que quisieran abrir más tiendas y crecer tan rápido. El modelo era bueno el que tenían establecido, pero le llamaron para que invirtiera un 1 millón para las nuevas tiendas, cosa que él aceptó rápidamente, la única excepción fue que el ahora sería el jefe, como en todos los tratos que hace. Tuvieron que renovar la tienda para que se viera mucho mejor, cuando la renovaron algo que encargo Marcus a los propietarios, fue que colocarán los productos con mayor ganancia y mayor venta nada más entrar en la tienda y a que no sabéis que pusieron en la cola de espera para pagar?, Galletas artesanas para perros, gatos, loros, pájaros, etc...Esta misma técnica la estaba usando Primark para nuestros hijos, porque venden ropa, y la tienda de animales proyecto la misma estrategia enfocada a su sector, el de los animales. A ver quién dice que no a una mascota mirándote con ojos de cordero a punto de ser degollado. Todo el mundo le dice que si a su mascota,

Y si tienes una tienda online aplica también está estrategia, nada más entren en tu página web, muestra los productos más vendidos y seguramente los compraran, antes de que introduzcan los datos de la tarjeta para para finalizar su pedido, ofréceles más productos con un 30% de descuento y más de uno caerá. Ahora tú enfoca está estrategia a tu negocio y todas las que hemos comentado y tendrás más ventas.

PRESENTE Y FUTURO

Cuando eres empresario o emprendedor, es esencial innovar nuevos productos, pero hay que pensar productos para el presente y el futuro. Hay que tener visión del futuro, dónde está el mercado, hacia dónde va el mercado. Observas y escuchar es la clave, porque no te puedes quedarte estancado, hay que saber innovar, hay que saber probar nuevos productos. No importa si te gastas dinero en nuevos productos, porque va ser necesario que lo hagas, probar y tomar acciones alcanzar el éxito, si no pruebas nuevos productos caerás con el tiempo.

Si no inviertes en nuevos productos, nadie vendrá a comprarte porque siempre verán que la tienda tiene lo mismo, reinventarse es algo que tendremos que hacer en todos los negocios que hayamos invertido. Ya sabes que le pasó a Nokia por no reinventarse, pero la historia de Kodak es un claro ejemplo de que hay que reinventarse y os la voy a explicar.

Kodak es una compañía que se dedicaba al diseño, producción y comercialización de equipamiento fotográfico, era la empresa líder en ventas de cámaras analógicas, una de las torpezas más asombrosas en la historia corporativa ha sido el momento en que Kodak decidió que la fotografía digital no era una amenaza directa para su modelo de negocio. En 1975, un ingeniero de Kodak ya había inventado la cámara digital, pero la compañía decidió seguir con el sistema analógico. Consecuencia que en 2012 se declaró en bancarrota, por tener exceso de confianza en su producto y por no innovar.

No podemos llegar a las nubes y quedarnos dormidos, si crees que tu producto ahora es la leche, en el futuro puede ser que no. Muchas empresas se duermen cuando llegan a las nubes, pero tú negocio no le tiene que pasar esto si entiende al mercado y lo escucha.

Gracias al internet el mundo se ha globalizado, podemos conectar con miles de personas, podemos hablar con personas de diferentes idiomas, es una comodidad internet que depende como la uses es una arma secreta pura y dura. Probar, Probar y Probar nuevos productos es esencial, te gastaras dinero si, pero el día que escojas el producto indicado y lo vendes a las personas indicadas, ya podrás decir que has triunfado pero tú seguirás para delante pensando que apenas has hecho algo de lo que quieres llegar a conseguir.

Tu tienda se ve antigua, pues haz reformas para que se vea bien, el embalaje de tus productos se ven antiguos, pues gasta dinero para que se vean modernos. La competencia es rápida y tú lo tienes que ser, cada día hay nuevas técnicas en el mercado, nuevas formas de anunciarse, nuevas formas de ganar dinero, nuevas aplicaciones, nuevos productos, y tú tienes que pensar que puedes crear para vender ahora y en el futuro.

Pongamos que te gastas 10'000$ en 10 productos entre investigaciones para sacar nuevos productos. Y todos fallan, menos uno que ha vendido mucho, coge ese uno y publicítalo por todas las redes y seguramente recuperarás lo gastado en investigación de los 10 productos más el beneficio de ese producto. Que no te de miedo a probar, hay que salir de la zona de confort. Puede ser que tú crees que tu producto en una mierda, pero otros creen que es una innovación. No sabemos muchas veces que les llama más la atención a los consumidores.

Recuerdo a un emprendedor, Gary Dahl el hombre que se hizo rico vendiendo piedras, este hombre escuchaba como se quejaban sus amigos de los cuidados tan representativos que tienen las mascotas. El decidió coger piedras y ponerle ojos, representado las piedras como mascotas pero sin cuidados. Las piedras en un año se pusieron de moda, todo el mundo queria de esas piedras tan novedosas en el mercado, pero luego se acabó la gran idea. Yo ahora lo pienso y es absurdo, una piedra de mascota, no sabes lo que puede llamar la atención de las personas por eso hay que probar e innovar, así es como se encuentra un buen producto, Gary Dahl lo que falló es en no sacar un nuevo producto con visión de futuro. Tú tienes que tener visión del presente y del futuro. Porque si no la tienes no vas a ser un empresario exitoso, los más grandes empresarios son visionarios y tú lo vas a ser, un líder transformacional, ser un foco de motivación, un visionario de tu negocio, predecir para dónde va ir tú empresa.

Ser un visionario en los negocios significa ver donde los otros no ven nada, tener el carisma y liderazgo que otros no tienen, ser una persona con actitud en la vida. **Te voy a dar cinco características para ser un visionario en los negocios.**

1. Haz lo que dices

Los verdaderos visionarios practican lo que predican y predican con el ejemplo. Debes hacer lo mismo y si estás alertado de un comportamiento poco ético, actúa de manera adecuada.

2 Fomenta la creatividad.

Los líderes visionarios animan a sus equipos a desafiarse a sí mismos y luchar por la grandeza usando sus propias habilidades y pasiones. Permite que los empleados sean creativos. Averigua en qué está interesado personalmente cada empleado. Los visionarios dan la bienvenida a la innovación y al cambio.

3. Acepta tu responsabilidad.

Tú nunca debes aceptar la posición de víctima de la circunstancia. Tu nada más eres responsable de todas las cosas que vives, las decisiones que tomas, y los resultados de esas decisiones y experiencias.

4 Lucha por aprender y mejorar.

Tú debes saber y comprender que el trabajo de auto-desarrollo nunca termina. Es un ciclo constante, y gira en torno consistentemente conforme avanzamos en la vida.

5 Actúa para que hagas tus sueños realidad.

Por último, si quieres convertirte en un visionario, debes soñar y actuar.

Es maravilloso fijar metas y tener sueños, pero si nunca actúas, los pensamientos y los sueños serán inútiles. Actúa a partir de ya, conviértete en un gran líder visionario.

LA UBICACIÓN ES ALGO CLAVE

Es muy importante para llegar a tener éxito la ubicación geométrica de tu negocio. La decisión dependerá de múltiples factores que vayan a favorecer o perjudicar tu negocio en la economía presente y futura, dependiendo el negocio los factores y criterios a analizar son muy diferentes.

Sólo la combinación de una buena ubicación, un gran producto o servicio, un servicio de primera y el precio correcto, hará posible que tu emprendimiento logre el éxito en forma más certera. Elegir la ubicación óptima depende de un cumulo de factores que definen a tu negocio, partiendo del producto o servicio deberás analizar distintos factores para la ubicación.

Ray Kroc, legendario promotor de McDonald's, decía "Los tres elementos esenciales para alcanzar el éxito en un negocio son: ubicación, ubicación y ubicación". Esta frase es perfectamente ilustrativa de la importancia de elegir el emplazamiento adecuado para llevar a cabo un proyecto empresarial. Por eso, si estás pensando en abrir una actividad, deberías sopesar cuidadosamente la ubicación de tu negocio de cara al marketing y las ventas potenciales. Por ello hay que tener claro que la importancia de la buena localización de un negocio no es un elemento que se pueda dejar al azar. La ciudad, el barrio o la facilidad de acceso son puntos a comprobar de forma obligada.

Lo primero que tienes que tener claro es que no hay un lugar perfecto, la ubicación de tu local va a depender en gran medida al rubro al que se dedique tu empresa. Por ejemplo: si te dedicas a comercializar productos y servicios lo recomendable es que escojas un local visible y de fácil acceso, sin embargo, si das terapias psicológicas a personas con trastornos tal vez a tus clientes no le gustará mucho exhibirse. Depende mucho el sector en el que este tu negocio o futuro negocio.

Da igual si tienes una farmacia, una panadería, vendes ropa o tu familia tiene una charcutería desde hace 3 generaciones. Si la localización es buena ya tiene un porcentaje de ventas asegurado. ¿Alguna vez te has preguntado cómo algunos restaurantes que tienen comida muy normal y un servicio pésimo siempre están llenos? Hay emplazamientos tan buenos que simplemente por estar "ahí" tendrás clientes asegurados. Esto pasa sobre todo en los puntos turísticos de ciudades muy visitadas como Barcelona o la mayoría de zonas de playa de España.

 Hoy en día la mayoría de buenas ubicaciones están ya tomadas, y que una vez que nos decidamos por una será muy difícil cambiarla, la ubicación de un negocio es una decisión que debemos meditar muy bien. De nada sirve tener una idea innovadora con un gran potencial para montar un negocio si no ubicamos nuestro local en un lugar idóneo para garantizar su éxito. Muchos emprendedores cometen el error de no prestar atención a una de las decisiones más importantes a la hora de iniciar un negocio: ¿cuál será la ubicación de mi establecimiento?

Así pues, dan prioridad a otras cuestiones relacionadas con las finanzas o la gestión estratégica como el coste del alquiler o el valor diferencial de su negocio. Sin pensar que de nada sirve conseguir un alquiler barato y ofrecer un producto innovador de alta calidad si estas ubicado en un lugar poco concurrido donde no se encuentra tu target de público objetivo

Para ayudarte a encontrar la localización perfecta para tu negocio, presta atención a estos útiles consejos que te damos a continuación.

1. Elige la ubicación dependiendo el servicio o producto que ofrezcas.

Cada negocio es un mundo aparte y tiene unas necesidades concretas que le pueden llevar a ubicarse en un sitio u otro. No es lo mismo una empresa que ofrece un servicio de electricidad, que otra que vende ropa.

2. Evita situarte donde esté tu competencia

Cuando tienes en frente o a un lado la competencia, los clientes podrán quedarse pensando si elegir tus productos o los de la competencia. Es mucho mejor no tener competencia en tu zona, pero a veces no te queda otra que estar al lado de la competencia, si es así intenta destacarte en tres la competencia.

3. Nunca te ubiques en una plaza.

Las plazas son para relajarse y estar tranquilo, no piensas en ir a comprar o gastar, piensas en pasarlo bien y tranquilo con tu compañía. Salvo que se trate de un restaurante o servicio de ocio infantil, para estos negocios lo mejor son las plazas.

4. Cercanía del transporte público.

Estar situado en una zona donde haya mucho tránsito como las paradas de bus, estaciones de tren, aeropuertos o paradas de taxi. Son zonas con mucho presencia de personas que observarán tus productos.

5. Dependes de proveedores.

Si tu negocio depende de proveedores que te facilitan toda la materia prima u otros materiales, es súper importante tener en cuenta la cercanía de una zona de carga y descarga. De estar muy lejos, tus proveedores encarecerán el precio de sus servicios de transporte.

6. Facilidad de aparcamiento.

Para tus clientes será una comodidad absoluta, tener facilidad de aparcamiento para entrar a tu negocio es clave para ganarte al cliente, a quien no le gusta, llegar, aparcar y entrar en la tienda.

7. Ambiente en la zona.

De nada servirá ubicar un restaurante de comida rápida en una zona lujosa de Barcelona donde vive gente con un poder adquisitivo alto. A este tipo de público no le interesará acudir a nuestro restaurante para tener una experiencia gastronómica. Del mismo modo que, en un barrio obrero, no situaremos una tienda de ropa de diseño a precios muy elevados donde la gente no se puede permitir tales lujos. Hay que tener en este aspecto, un poco de sentido común.

8. Precaución con las zonas nuevas.

Las nuevas zonas residenciales o nuevos centros comerciales, son muy interesante porque no hay competencia. La idea puede funcionar bien pero conviene en estos casos analizar la capacidad económica y de tesorería disponible para los meses iniciales, dado que los nuevos espacios suelen requerir algunos meses de madurez.

9. Proyectos urbanísticos y del local.

Antes de elegir la localización de un negocio, sería conveniente conocer los proyectos urbanísticos previstos para la zona. También tendrás que observar de arriba a abajo tu futuro local, me refiero a la fachada, la altura, los suelos, acceso a los servicios, acometidas para las instalaciones, muros de carga, desniveles, distribución interior, profundidad del local y, por supuesto, la superficie. Recuerda que la mínima obra de adecuación a las condiciones de la cadena puede disparar el presupuesto inicial.

10. La cera.

Los locales comerciales que están enfocados en la derecha de un carril en sentido único para los vehículos, suelen ser los más exitosos a la larga. Dado que cuando las personas caminan suelen mirar a la derecha, el copiloto suele mirar a la derecha también un local ubicado a la derecha del sentido del desplazamiento principal tendrá más éxito que uno situado en la otra acera.

11. El dinero del alquiler.

Este es el último punto que tendrías que observar o analizar para la ubicación del negocio. No es lo mismo una calle que pasan 1.000 personas al día que otra que solo pasen 100.

Si, la de 100, seguramente será muy barata pero la de 1000, tiene muchísimo tráfico más y en los negocios el tráfico es dinero.

Si tienes un negocio online también es importante la ubicación, no es lo mismo ser el primero en las búsquedas de Google cuando buscan términos del sector en que estas, que el ultimo. Recuerda, la ubicación es fundamental para llegar al éxito, una buena ubicación te traerá tráfico de personas, el tráfico de personas equivale a más dinero para tu negocio.

HISTORIA Y MARCA

Muchos negocios se olvidan de explicar la historia del negocio, Marcus en todos sus programas pregunta cuál es la historia del negocio, es definitivamente esencial explicar la historia que está detrás de tu negocio, cómo empezaste? cómo sigues? hacia dónde vas? A día de hoy lo que marca la diferencia en los productos es la historia que tienen A las personas les gusta escuchar historias, a todo el mundo nos encanta que nos cuenten cómo empezó el negocio.

Tu historia le puede llegar al corazón de tu cliente y seguro que tendrás un cliente para toda la vida, las personas se mueven por relaciones y esas relaciones se basan en los sentimientos que transmiten. Transmitir sentimientos con tu negocio, elevará tu negocio hacia otro nivel, escucharan tu historia y se quedarán contigo para toda la vida. Las historias enamoran, hay muchas películas sobre negocios, porque? Porque hay una gran historia detrás del negocio, una historia que conmueve al mundo, tú puedes tener una gran historia, un gran potencial que no has explotado y tú sin saberlo. Tu historia si la cuentas cambiará la era de tu negocio. Serás una vaca púrpura entre vacas blancas. Cuando comienzas a contarla, más personas se te acercaran, porque tú historia enamorara.

La gente paga por la historia que tiene ese producto. Tú tienes un gran producto, pero sin historia, seguramente lo venderás muy barato porque no tiene una historia detrás.

Pero si tienes un gran producto, con una gran historia que contar, el éxito es absoluto, el éxito estará en la esquina esperando a que la cuentes y él vaya hacia ti. No puedes guardarte tu historia, aunque tú pienses que no es una gran historia, para los demás si, si no la cuentas, nunca sabrás a cuántas personas podrías haber impactado si la hubieras contado, no te quedes con las dudas y hazlo, no seas un egoísta que te lo guardas para ti, háblale al mundo, cuéntale al mundo porque lo creaste el negocio?

Una vez escuche que se había vendido un bugatti, la marca de coches de lujo más cara, el triple de caro del precio de mercado, se vendió el triple de caro porque el coche lo utilizo el famoso gran boxeador Floyd Mayweather, ese coche es historia porque la utilizado el invicto campeón. Él se sentó en ese coche y lo utilizo, solo por eso, el valor del auto ya incremento. Lo que incrementa el precio del producto es por la historia que hay detrás, crees que un millonario que no se le conoce mucho, si hubiera vendido el bugatti lo hubiera vendido tres veces más caro? Para nada, porque no hay una historia detrás de esa persona, si una persona ha hecho historia, todo lo que rodea en el también hará historia.

Imagínate un bolígrafo VIC, es muy famosa esta marca, ahora lo comparamos con las plumas estilográficas

MONTBLANC, porque uno vale el triple más de caro que el otro, si al final hacen lo mismo?, por la historia que tiene MONTBLANC es brutal, cuando hablas de MONTBLANC es elegancia, historia, lujo, cache, ellos vende historia y valor.

Me he centrado en artículos de lujo, pero no hace falta tener que vender artículos de lujo para vender historia. Os voy a recordar la historia de un emprendedor que leí hace tiempo, este joven le encantaba viajar por la zona africana, siempre observaba que no llevaban zapatos los habitantes de diferentes poblaciones, el con semejante injusticia, se le encendió la bombilla de emprendedor y pensó en una gran idea, vender alpargatas, es un tipo de zapatilla no muy costosa, comenzó a vender alpargatas de diseños modernos, pero el decidió que cada dos alpargatas que compres se le regalará una a un africano. Esto es historia amigos, esta historia enamora a cualquier persona, creo un negocio para ayudar a los más necesitados de África, este joven hizo historia. Vendió más de lo que se imaginó, gracias al poder de su historia y por donar zapatillas. Esta es la historia que quiero que recordéis, Imagínate la motivación que tuvo el joven para coger y ponerse a emprender para los más necesitados, eso es valentía y honor. Recuerda de contar tu historia para que tu negocio lo reconozca el mundo entero.

No importa como lo veas sino como lo vean.

Como ves tu negocio? Pregúntate ahora mismo esa pregunta. Cómo ven tu negocio? Después de responder la primera, responde la segunda que te comentado. Porque lo importante no es como lo ves, sino como lo ven. Creemos que todo está perfecto en nuestro negocio, toda va bien, todo espectacular. Pero no importa como tú lo veas, sino como lo ven. Al final el cliente no eres tú y no sabes lo que piensan.

Solemos quedarnos en la zona de confort cuando hemos llegado al éxito, ya no cuidamos tanto al cliente, eso es un gran error que cometemos, no preguntarle al cliente como lo ve aunque tengas éxito? Hay que saber escuchar, porque si sabes escuchar a ese cliente volverá y lo recomendara tu negocio, hacerle sentir que cuando entran en tu negocio, se sienten como en casa, eso sí es una buena experiencia de compra, poder llegar a satisfacer el momento de compra es esencial para diferenciarte de las compañías rivales.

Algo que Marcus pregunta mucho en todos sus negocios antes de invertir, es preguntarle al cliente que le parece el servicio? Esta pregunta es muy poderosa, porque puedes cambiar la experiencia del cliente a la hora de comprar tus servicios o productos. McDonald's regala un café o un pequeño helado si respondes una encuesta, estás preguntas se basan en el servicio al cliente, la comida, las instalaciones. Gracias ha está estrategia tienen controladas todas franquicias McDonald's por si alguna no ofrece el servicio estándar que tiene McDonald's en todas ellas. Tú tienes que tener controlado la opinión del cliente, pregúntales o elabora una encuesta ofreciéndoles algo a cambio por responder preguntas del servicio, las instalaciones y el trato de los trabajadores etc... Gracias a esto te darás cuenta si hay algún fallo en tu negocio que no has visto y solucionarlo lo antes posible para que tu cliente tenga la mejor experiencia que haya podido tener en otro lugar. Si mejoras la experiencia, tus ventas mejorarán solas.

El nombre

A veces creemos que elegir un nombre para la empresa o negocio es tarea fácil verdad? La verdad es que si, en verdad es fácil de crear un nombre para el negocio, todo el mundo sabe hacerlo, pero lo que todo el mundo no sabe hacer, es crear un nombre que la primera vez lo escuches y ya se te quede grabado en la mente para siempre, que impacte en tu corazón. Es muy importante crear un nombre que sea fácil de recordar y muy poderoso, que transmita todo lo que ofreces, llegar a crear un nombre con esos puntos es difícil, así que no hay que tomárselo a la ligera el nombre de la empresa, de recomendarte las personas por tu nombre impactante y fácil de recordar, ha qué no te recomiendan por lo difícil que es grabar tu nombre en la mente. A quien no le ha pasado? Ver una película y 5 días después quedas con los amigos, habláis de temas sobre el cine, tu tan alegre querías recomendar la película que vistes, pero no te acuerdas del nombre porque era largo o muy difícil de recordar, en ese momento ya hubieras perdido clientes para tu negocio

El nombre que elijas será como la cara de tu empresa y marcará todas las acciones que realices. Seguro que has escuchado hablar del branding y del naming. El branding es el proceso por el que se construye una marca, se elabora una identidad corporativa y se lanza el negocio al mercado. La clave es transmitir el mensaje que deseas. El proceso para elaborar el nombre de tu marca es clave y probablemente ya no lo volverás hacer nunca más, **así que lees los siguientes consejos para crear el mejor nombre para tu empresa:**

1. Invierte todo el tiempo necesario.

El nombre de tu empresa no es para tomárselo a la ligera, te va costar mucho tiempo encontrar el nombre perfecto, pero todo el tiempo que inviertas se te devolverá con el nombre perfecto, quien más busca, más encuentra suelen decir.

2. Elije el nombre a través de los valores que transmita tu empresa.

Que valores transmite tu empresa? Cuando respondas, que tendrás que transmitir a través del nombre que elijas.

3. Tormenta de ideas

Utiliza una tormenta de ideas, va muy bien esta estrategia, tu coges una pizarra o un papel y empiezas apuntar todo lo que se te venga a la cabeza de nombres, seguidamente comienzas a descartar y te quedas con los mejores nombres, para finalizar invita a tus empleados o equipo y que voten cual es la mejor para ellos, la más votada, la ganadora. Tener diferentes perspectivas no solo la tuya va muy bien.

4. El nombre suena bien

Intenta encontrar un nombre que sea fácil de pronunciar, pronúncialo lo más alto posible para comprobar cómo se suena. Cuando tu marca se mencione en los medios o en conversaciones debe decirse bien el nombre.

5. Elige un nombre corto

Los nombre cortos son más fáciles de memorizar, evita nombres largos que sean complicados de recordar y elige un nombre de una sola palabra o de dos: Coca Cola, Google, Facebook, son algunos ejemplos.

6. Nunca uses iniciales

Aunque hay marcas como IBM, HSBC o 3M que han logrado posicionar sus nombres a base de siglas, en realidad éstas son poco atractivas y difíciles de recordar.

7. Pensar a largo plazo

Si tu negocio tiene éxito, puede que te plantees expandirlo a otros mercados, en otros países, etc. Elije un nombre que no limite tu crecimiento en el futuro.

8. Compruebe si está disponible

Y el último paso es comprobar si está disponible, para ahorrarte futuros problemas legales has de comprobar si el nombre está registrado como marca o nombre comercial por otra empresa. En España, debes consultar la web de la Oficina Española de Patentes y Marcas.

El logo

Muchas compañías usan su nombre como logo también como por ejemplo: Coca Cola, IBM, Ray-Ban, Dior.

El logo es muy importante porque será la primera impresión que transmitirás junto con el nombre a los clientes. Un logo puede afectar a la percepción de marca de un cliente, a sus decisiones de compra y en general a su actitud hacia un producto. Vivimos en un mundo rodeados de logos por todas partes, con un logo podemos recordar que es lo que vende esa empresa, con los colores del logo podemos saber cuál es la empresa, hasta los niños te nombrarían cual es el nombre del logo de esa empresa, debes invertir el tiempo suficiente en crear un logo perfecto que se guarde en la mente de las personas.

Estás a punto de tener los puntos claves para crear el mejor logo, para que lo recuerden solo con una mirada, estás preparado para impactar en el corazón de las personas con tu logo.

1. Simple pero creativo.

La simplicidad hace que el logo sea más fácil de prevenir, algo que los consumidores agradecimos mucho, me dado cuenta que cuando es más fácil procesar las cosas, más nos suelen gustar a las personas. Hay que pensar creativamente, el logo de BMW no es un coche, el logo de Apple no es un ordenador, el logo de McDonald's no es una hamburguesa.

2. Que mensaje transmite tu logo.

Si estás iniciando una nueva empresa, debes pensar seriamente cuáles son las características clave de tu marca y cómo quieres incluirlas en el logo. Apple, por ejemplo, a la fruta le falta un mordisco, o Wikipedia, es un mundo de piezas sin terminar cubiertas con glifos de diferentes sistemas de escritura. Ambos logos son simples, pero tienen un toque añadido que rodea de nuevo a la ideología de la marca.

3. El color.

Los colores que decidas escoger para tu logo han de ir en consonancia con lo que desees que tu marca transmita, No te recomiendo usar más de dos o tres colores en un logo, pero si lo haces, asegúrate de que también queda bien en un solo color.

Un eslogan

Crear un eslogan atractivo, poderoso y que impacte, puede ser el punto clave para diferenciarte de un mercado saturado. El ingrediente más importante de un eslogan eficaz es que sea pegajoso, pero para ello tiene que ser corto, comprensible, positivo, atemporal, de fácil recordación, memorable y creativo.

Sc trata de una frase que identifica a un producto o servicio. Aprende a crear uno que tus clientes recuerden ¡y repitan una y otra vez cada vez que observen tu producto!

Un buen eslogan debe contener máximo ocho palabras, debe identificar claramente al producto o servicio, y resaltar los beneficios que lo hacen especial. Es una frase que atrapa, define y sintetiza en pocas palabras la idea conceptual de tu producto o servicio.

Si no quieres marearte mucho la perdiz, también puedes usar un generador de eslogan, son muy útiles.

MARKETING

Me dado cuenta que en el programa de Marcus, hay muchos negocios que no saben publicitarse como deberían, el da mucho hincapié en la publicidad, porque suele decir, si tienes un gran producto pero no una estrategia de publicidad, estás arruinado. La publicidad ha cambiado mucho y ahora lo mejor para atraer clientes es el marketing, el marketing es publicidad, ventas y satisfacción del cliente al comprar tus productos, nuevas estrategias saltan en el mercado de golpe, hay que adaptarse a todo tipo de marketing, Si no se adaptan, les tendrán que pagar a otros para que lo hagan. El marketing suele ser una pieza muy importante del puzle de tu negocio, gracias al marketing podremos conectar con clientes, crear relaciones, transmitir un mensaje poderoso para generar más ventas.

Si no tienes una página web de tu negocio, es que no tienes negocio, el mundo a día de hoy está en la era digital, siempre salen nuevas técnicas de marketing sobre productos o negocios, hay que saber adaptarse en esta era digital, por no quieres ser el propietario de un negocio que no entra nadie, la televisión, la radio, anuncios en estas plataformas son caras y poco rentables, deja ya de publicitarte en la radio y aprende lo necesario para inyectar tus conocimientos en las redes.

Muchos pequeños empresarios tienen miedo a invertir en marketing y más los que tienes márgenes cortos de beneficio, pero yo como asesor, les comento que se gasten lo que haga falta para que el mundo conozca tu marca, nunca perderás, cuando inviertas en marketing, sabéis porque, porque habrán miles de personas que os verán, pero hay que saber dónde publicitar nuestro producto, hay que vender el producto correcto, a la gente correcta.

Da igual si te gastas 1000 euros en marketing y solo obtienes 500 euros, porque lo que importa de verdad es que escuchen tu nombre, escuchen lo que haces, escuchen como lo haces, yo he tenido que gastar mucho dinero en publicidad que luego no recibirás en ventas es una mierda, pero te comenzarán a conocer, aunque ya te conozcan el mundo es muy grande, hay 7500 mil millones de personas en este mundo, Imagínate a cuántas puedes llegar, Imagínate cuántos corazones puedes inyectar tu mensaje, el marketing es la nueva era, gracias al marketing puedes llegar al mundo entero y que te conozcan, si tú sabes estrategias de marketing, estoy por seguro que llegarás lejos, pero hay que gastar en que te conozcan, yo cuando comienzo un negocio ya sea online o no, invierto todo el beneficio en marketing para que conozcan mi negocio, cuanto más gastes tú en marketing, más vas a ganar en ventas.

Vamos a poner un ejemplo de porque hay invertir siempre en publicidad o marketing, Coca Cola una marca que tiene notoriedad en el mercado, mucha gente piensa que no necesita gastar en publicidad o marketing, porque cuando vas a un restaurante no dices cola, sueles decir, puedes traerme una coca cola, por eso la gente cree que no necesita marketing pero la pregunta es, Qué pasaría si Coca-Cola dejara de invertir dinero y esfuerzos en comunicación? Es aquí cuando entra en juego la competencia.

Toda marca, por más consolidada que esté en el mercado y en la sociedad, necesita seguir haciendo publicidad, necesita seguir comunicando lo que es. De no ser así, perdería terreno con respecto a la competencia. En el caso de Coca-Cola, tal vez esa pérdida de terreno con respecto a la competencia no se produzca de manera inmediata, pero a medio-largo plazo sí se vería enormemente afectada. Con el tiempo iría perdiendo presencia y atractivo, lo que supondría una pérdida de clientela. Todo ello a la par que la competencia ocupa su lugar, aprovechándose de la situación.

Muchos negocios estaban teniendo mucho éxito, dejaron de hacer publicidad y desapareció de golpe, como el caso de Boomer, una marca de chicles para los niños reconocida por su gran sabor duradero y su gran tamaño, estaban teniendo mucho éxito, pero dejaron de transmitir su mensaje, dejaron de invertir en publicidad y desaparecieron como una hoja que se la lleva el viento.

Nunca dejes de invertir en publicidad o marketing, a día de hoy es más rentable el marketing, pero nunca dejes de invertir en que te conozcan, un día estás en lo más alto, Tomás una decisión tonta de no invertir en marketing porque ya te conocen y en pocos meses la competencia sigue invirtiendo y tú desapareces, es muy fácil llegar a la cima, lo difícil es mantenerse en ella. Es esencial todo esto, en los siguientes puntos hablaremos del marketing, la publicidad y cómo hacer que tu negocio lo conozca todo el mundo.

LA PUBLICIDAD MUERTA, LA NUEVA ERA

Hace años se inventó el periódico, cuando se inventó el periódico, era la única plataforma para que te conocieran nacionalmente, luego llegó la radio, gracias a la radio podías transmitir un mensaje con voz, después la televisión, la televisión fue una gran creación del humano, gracias a ella podías transmitir un mensaje con imágenes, podías enseñar tus productos y que lo vieran miles de personas detrás de ese televisor, fue una gran novedad para las empresas la televisión, porque el cliente podía verificar visualmente y el empresario enseñar las cualidades del producto gracias a ella las empresas crecían, crecían y crecían, en la misma televisión se creó un apartado de tele tienda, unos anuncios que duraban más de 1 minuto para mostrar las cualidades de los producto de algunas empresas y negocios, la gente se volvía loca observando la tele tienda, no paraban de comprar, no paraban de encargar producto que no les servían para nada, tontería tras tontería.

Y después de la televisión llegó, la plataforma más grande a nivel mundial para promocionar tus productos, la plataforma que cambió el mundo, gracias a ella vivimos en una globalización, grande y poderosa a cambiado el panorama mundial el internet, gracias a internet podemos ganar dinero de mil y unas formas, podemos hacer crecer nuestro negocio a niveles que nunca soñarías, el precio de promocionar está tirado, más barato imposible, podemos llegar a las personas indicadas, al género que queramos, a la edad que queramos gracias al internet, es un nuevo mundo que tú como empresario tienes que saber controlar, ahora mismo puedes agradecer a tus padres por haberte concedido vivir en la era digital, solo con un móvil puedes ganar el dinero que ganan tus padres cada mes, solo con un ordenador puedes crear una tienda online y ganar millones sin moverte de casa, el mundo y las redes sociales nos están brindado un montón de oportunidades, tienes que ser tú, quien elija si crear contenido y monetizarlo o consumir contenido, al final quien llega al éxito es el que crea contenido y tiene paciencia, muchas tiendas online se crean para los dos meses cerrar, por no tener ventas después de hacer un plan de marketing, no te volverás millonario de aquí un mes con el mundo digital, pero si después de dos años, con esfuerzo, dedicación y trabajo duro, en el mundo digital siempre salen nuevas estrategias para vender, tienes que seguir educándote toda la vida, es un estudio constante, así que nunca dejes de educarte sobre marketing. En los siguientes puntos te daré las claves para ser un gran marketer.

Publicidad gratuita

Cuando hablo de publicidad gratuita, hablo de las redes sociales, las redes sociales son muy poderosas, con las redes puedes llegar a muchas personas y sin gastar dinero, a quien no le gusta marketing gratuito? A todos no, pues tienes que aprender que tu negocio tiene que estar en las redes sociales Instagram, Facebook, Twitter, Pinterest, LinkedIn y YouTube, tu negocio tiene que estar en todas las plataformas posibles, en una sola no en todas, ponte en la situación que tú solo estás en Instagram con 20 mil seguidores, si estuvieras en todas las demás redes con 20 mil seguidores en cada una, estarías llegando a 120 mil seguidores potenciales que les gusta tu página y tú contenido sobre la empresa, pero lo mejor es que todo esto es gratuito, las redes no te harán pagar porque subas contenido, no te pedirán nada a cambio, pero tienes que ser constante, tardaras mucho para tener un gran impacto en las redes, pero construirás una gran marca, cuando se habla de las redes hay que pensar en el largo plazo, porque en el corto plazo no ganarás nada, por eso muy pocos son constantes y muy pocos triunfan, porque la mayoría pensamos en el corto plazo y para triunfar, hay que pensar en el largo plazo.

Te acabas de dar cuenta el potencial que significa estar en todas las redes sociales y el impacto que estarías transmitiendo. Tienes que ser un gran social media.

8 técnicas para llegar a tener éxito con las redes de tu empresa.

¿En qué sector nos movemos? Es evidente que si somos veterinarios, podremos poner vídeos de gatitos que hemos curado en nuestra clínica para conseguir llegar al millón de "Me gusta" en Facebook, pero si vendes trituradoras industriales para desechos en negocios de restauración, la cosa cambia.

Quién es mi cliente? Esta pregunta es una de las más importantes y conlleva realizar un estudio de nuestro perfil de cliente para conseguir convertirlo en un enamorado de nuestra marca.

No existe una secreta mágica para triunfar en las redes, pero si el habito de aprender nuevas estrategias y habilidades que nos conducirán al éxito en redes de nuestra empresa. Las 8 estrategias para triunfar en redes:

1. Crea una comunidad

Y con esto me refiero a seguidores puros y reales, no sirve para nada tener 100 mil seguidores si luego tienes solo 100 likes, Facebook tiene un algoritmo que detecta que contenido le puede interesar a la gente y que no y este algoritmo se basa muchas veces en los likes y comentarios que recibes. Así que es mejor tener 1000 seguidores y 100 likes por fotos que el anterior ejemplo.

2. Contenido de calidad

Siempre tienes que subir calidad, si tú crees que ese contenido no impactará al mercado mejor que no lo subas, pregúntales a tus seguidores lo que quieres y mímalos, responderles cualquier duda que tengan, haz que se sientan parte de tu empresa y que tu información le resuelva necesidades.

3. Fidelización

Incluye a tus redes técnicas de fidelización, promociones, ofertas, bonos y descuentos. El objetivo es dinamizar tus redes y premiar a tus consumidores más fieles, dales un regalo por seguir apoyándote, ellos te lo agradecerán, a la larga siempre tendrás unos clientes contentos y satisfechos, que son los mejores clientes que puedas llegar a tener, clientes fieles a la marca.

4. Testear

Nadie tienes la receta secreta para triunfar en redes, tienes que probar y probar para saber lo que funciona, lo que no funcione lo estudias de porque no le ha gustado. El estudio y el análisis te llevarán a la perfección.

5. Nunca dejes de innovar.

Este aspecto ya lo tenéis muy claro, porque lo llevo diciendo casi todo el libro, nunca dejes de innovar, si no tienes una clara idea de cómo innovar, investiga a tus rivales e intenta mejorar lo que hacen

6. Establece objetivos

El primer paso para un plan de marketing sólido es definir qué es lo que quieres conseguir. Sin objetivos, no puedes saber si lo que estás haciendo funciona ni medir el retorno de la inversión. La idea es que tus objetivos de redes sociales respondan a las metas generales de tu empresa.

7. Transparencia.

Tienes que tener una gran transparencia con tu empresa, todo el mundo confiara en ti si eres transparente, pero si nunca te ven venir, acabarás en el infierno

8. Traslada tu estrategia digital al mundo real

Si ejecutamos todo lo anterior dicho, elaboramos un discurso, creamos un contenido de calidad, pero cuando llegan a nuestro negocio y no atendemos a nuestros clientes con la misma delicadeza y atención que en nuestras redes sociales, de nada sirve a tu negocio. Trata siempre bien a los clientes, en el mundo digital y en el mundo real.

Facebook ADS E Instagram ADS

Facebook ADS es una de las mayores herramientas más poderosas para impactar de lleno en mercado y Instagram más de lo mismo, estas dos herramientas tienen más de 1000 millones de usuarios, Imagínate la capacidad que puedes llegar con un anuncio, hay muchas técnicas para crear buenos anuncios en Facebook y Instagram, lo bueno es que a día de hoy tienen las dos aplicaciones un bajo coste por anunciarte en sus redes, puedes elegir género, gusto, edades, etc... Es lo bueno de las redes que puedes elegir a que público quieres mandarle el mensaje, no te enseñaré técnicas porque para eso ya da para otro libro, pero sí que tomes mucho tiempo en estudiar social media.

Influencer Marketing

Hay personas que se han formado una imagen en la red de Instagram, se han ganado la confianza de sus seguidores y han ido construyendo una comunidad a su alrededor que les permite subir un eslabón en la jerarquía de las redes sociales, pasando de ser usuarios a influencers.

Gracias a los influencers, podemos llegar a una audiencia muy grande, poder transmitir nuestro mensaje no tan agresivos y que asocien nuestra marca con el influencer. Una forma muy buena para que nos conozcan

Google ADS y YouTube

Google ADS hará que tu negocio sea el primero en salir cuando se busque alguna palabra clave de tu nicho, por ejemplo si le pagas a Google para que te posicione el primero cuando busquen palabras claves sobre fútbol, tú serás el primero, eso conlleva muchas ventas.

YouTube ADS

YouTube otra gran herramienta para poder hacer marketing, gracias a YouTube puedes promocionar tus productos o servicios a un bajo coste, lo que encanta de YouTube es que dependiendo de tu nicho, ellos pondrán tu anuncio a las personas que vean video sobre tu nicho.

Y para finalizar lo mejor que puedes hacer para crecer, es utilizarla todas las plataformas nombradas, con un poco de todas, tu negocio crecería muy rápido, todo el mundo te conocerán que es lo importante cuando estás en las redes.

OCEANOS

En este apartado hablaremos de cómo triunfar en los océanos azules y los océanos rojos, en los dos tipos de océanos se pueden triunfar e innovar, los océanos azules y rojos fue una formula creada por W. Chan Kim y Renée Mauborgne en un libro del mismo nombre "Blue Ocean Strategy", en el que defiende la importancia de la innovación a la hora de abrir nuevos mercados.

Que es un océano rojo?

Si nuestra empresa fuera un barco y comenzáramos a navegar por un océano rojo, deberíamos saber que tiene ese color debido a los continuos combates que se desarrollan en él para conseguir la mejor zona de pesca y alcanzar los mejores pescados.

Es un océano tan peligroso pero muy conocido, donde tratamos de rascar la cuota de mercado de los demás y generalmente tendremos que competir en base a precios.

Las oportunidades de lograr una estrategia perfecta disminuyen según aumenta el número de rivales, contra más competidores haya en tu mercado más oportunidades tendrá el cliente a elegir.

Cómo podríamos ganar en un océano rojo?

Es posible ganar en un océano rojo? Si. Para ganar en un mercado rojo primero tienes que diferenciarte y como te diferencias de la competencia? Con nichos y subnichos. Que es un nicho? Es una porción del mercado. Por ejemplo estás en el mercado de los animales y en tu ciudad de 500 mil personas hay 10 tiendas de animales, veterinarios, peluquerías, hoteles, todo para animales. Tu nicho sería una tienda para perros, si tú te especializas en el cuidado, mantenimiento, alimentación solo para perros, todo el mundo que tuviera un perro en tu ciudad iría a tu tienda porque eres un especialista en este tipo de animal. Seguramente gracias a la diferenciación que tienes con tus competidores de tu ciudad saldrás con un negocio exitoso que podrías abrir una cadena a nivel nacional. Imagínate conseguir una cadena a nivel nacional solo de un nicho y tu mente se pone a trabajar y se la ocurrido una idea, crear una tienda online solo para perros, amigo encontrasteis un negocio millonario gracias a los nichos de mercado.

Pero ahora que tienes una tienda online, tienes un grave problema, es que gracias a tu negocio ha sido exitosos salen nuevos competidores y ya hay cinco tiendas con tu mismo nicho en la red. Ahora con el ejemplo anterior que te he dado estaríamos en un océano rojo, como te vuelves a diferenciar en un océano rojo de un nicho? Creando un subnicho. Que es un subnicho? Un subnicho es una porción aún más pequeña de un nicho, sigamos con el ejemplo anterior, con la competencia, tu nicho de mercado o tu tienda online solo para perros está bajando de rentabilidad, pues creo un subnicho, una tienda online solo para comida de perros. Pongamos el caso que cada mes hay 5.000 personas en el mercado español que compran comida para perro de forma online, (pocas personas creo yo), si estás 5000 personas compran cada mes comida para perro, a que tienda crees que irían, a la tuya que eres especialista en la comida saludable para perros o a un marketplace que vende de todo para perros? Seguramente a la tuya porque eres un especialista en comida saludable para perros. BOOM, has sabido diferenciarte de la competencia y tienes un negocio exitoso gracias al subnicho.

Como veis entrar en un océano rojo no es sencillo, pero tampoco difícil para tener un negocio exitoso. La clave es saber diferenciarte de la competencia a base de nichos, subnichos, micronichos de mercados saturados. Y cuando creas nichos de mercados saturados, comienzas a navegar en un océano azul de innovación.

Según los autores, la estrategia del océano azul se sustenta sobre **seis principios básicos que debemos conocer a fin de reducir los riesgos inherentes a la misma, y que son propios en toda innovación:**

1. Rehacer el confín del mercado

Analizar las industrias alternativas, los grupos estratégicos dentro de ellas, la cadena de compradores, los productos complementarios, analiza todo lo que puedas del mercado.

2. Dibujaremos un cuadro estratégico

Nos basamos en el potencial creativo de la organización, buscando oportunidades de negocio, quien busca, encuentra.

3. Investigar más allá de la demanda presente.

4. Crear una cadena estratégica

Investigaremos el precio, el coste, la acogida del producto y su utilidad desde el ojo del consumidor

5. Superar los inconvenientes

Analizar los problemas que conllevará la realización de la estrategia y ver la forma de esquivarlos.

6. Ejecutar la estrategia de innovación

Hay que poner en desarrollo la estrategia de negocio y estimar siempre los resultados.

PENSAR EN GRANDE

Algo que hay que tener claro en esta vida, es que tienes que pensar en grande, en todos los aspectos me refiero no sólo a los negocios, en todos los aspectos de la vida. Alguien que piensa pequeño no tendrá la abundancia en su vida, no podemos pensar en pequeño, nuestra mente está hecha para pensamientos de abundancia y grandeza, el mundo es muy grande y hay abundancia ilimitada para todo aquel que lucha y la desea, no hay escasez de abundancia y de grandeza en el mundo sino habrían muy pocas personas exitosas en la vida, todo el mundo puede conseguir la abundancia y la grandeza que desee, solo tienes que preguntarte cuánto lo deseas? La grandeza no bien de un día para otro, la grandeza llega a la personas que luchan cada día para tenerla, la grandeza primero te lo hará pasar mal para ver de qué masa estás echa, los débiles no tienes echo ni grandeza ni ABUNDANCIA en su vida, los débiles tienen pequeñas metas, los débiles siempre se quejaran.

Sabes de lo que tendrías que tener miedo? De llegar a los 80 años y arrepentirte de lo que no has hecho, seguramente de lo que hagas, habrá sueños grandes, tendrás sueños poderosos que cumplir. Ponte a imaginar, tu estando en un sofá de una casa, con 80 años y arrepintiéndote de lo que no has hecho, de los sueños que no has cumplido, de la vida que deseabas y no has conseguido, si te digo la verdad, a mí me da miedo que me pase, por eso cada día lucho por mis sueños, por eso cada día, hago la que sea para conseguir mis metas, limitó mi ocio para trabajar en lo que me importa, porque igual que yo tu querrás una vida de pura abundancia y grandeza, donde mires para atrás i pienses, este era antes y mira en lo que me convertido ahora, no límites tus sueños, no límites tus metas, limita el no puedo, porque todo el mundo puede llegar a conseguir lo que desea. Esfuerzo, constancia, disciplina y pensar en grande, te llevará a donde tú quieras, a donde tú más desees, el mundo es muy grande y hay para todos, siempre ten las metas más altas posibles.

Si visualizas que vas a ganar un millón este año, visualiza más, nunca límites tus sueños, nunca te pongas un techo, solo piensa en grande y trabaja duro, es esencial trabajar duro y tener mucha paciencia, porque el mes siguiente seguramente no vayas a tener un millón, pero si con trabajo duro y paciencia en un año puedes crear un negocio millonario, no hay nadie que te pueda decir que no lo conseguirás y quien te lo diga es porque no lo ha conseguido el, echa esas personas en la vida, porque no te servirán de nada, tu madre no cree en ti, pues no le hables, tu familia se ríe de ti, ya te reirás tú de ellos cuando el trabajo duro y la paciencia den sus frutos.

Apunta tus metas

Para tener un negocio exitoso hay que apuntar las metas, siempre hay que pensar en grande, lo volveré a repetir mil y una vez, pensar en grande, pero no sirve de nada pensar en grande y no hacer nada, tus metas pueden ser muy altas, tus expectativas pueden ser muy altas, pero si tú y tu equipo no trabajáis duro, de nada servirá. Tener siempre a la vista vuestras metas, eso conllevara una motivación diaria para perseguirlas. A continuación te dará las claves para que lleves acabo está idea.

1. Enfoque en metas y objetivos.

Una de las principales estrategias para llevar tu negocio a la estratosfera es tener certeza del propósito que quieres alcanzar. Para esto es necesario fijar claramente los objetivos para saber qué medidas tomar.

2. Conoce los números de tu empresa

Es clave mantener un recuento de las estadísticas de tu negocio. La idea es contar con la mayor información posible.

3. Tener un personal comprometido.

Uno de los factores más importantes para el aumento de una empresa son sus trabajadores, ya que de ellos depende mayormente el resultado final. Su nivel de compromiso se va a reflejar en el éxito que obtenga el negocio.

4. Establecer un plan de acción.

Dar prioridad a las metas por la más urgente a la más fácil de lograr; o la más importante para el crecimiento de la empresa a largo plazo.

5. Cambios del mercado

Revisar las tendencias en su sector para verificar si las metas en el futuro son realistas.

Reinvierte las ganancias

Si quieres pensar en grande y llevar tu negocio al siguiente nivel, será necesario que inviertas las ganancias de la empresa, en el programa de Marcus muchos empresarios se gastan los beneficios de la empresa, el da inca pie en reinvertir las ganancias. Cuando el invierte en un negocio, siempre está al mando operativa de la empresa, siempre suele tener una visión de expansión en cada uno de sus negocios, como el recalca en cada programa para llevar a cabo una expansión de tu negocio es necesario reinvertir los beneficios de la empresa, si no nunca llegarás al éxito. Cómo quieres tener un gran negocio y quererlo escalar si tú mismo quemas las ganancias, cuando empiezas tu negocio y tengas ganancias, vive como vivías antes de emprender, reinvertir es clave para triunfar, sé que quieres una buena vida, pero los primeros años tendrás que reinvertir i sufrir para luego tener la vida que deseas.

Cuidado con crecer rápido

Hay que tener claro que todo negocio que vayamos a emprender, tiene que ser escalable, para que vas a montar un negocio que solo puedas tener una tienda o una tienda online, para estar en esa situación no inviertas, tienes que invertir en algo que puedas expandir por todo el país y el mundo, pero hay que tener cuidado con crecer rápido, en un programa de Marcus una tienda de animales quería expandirse en tres tiendas a la vez, en no digo que no, lo único que quería era verificar si funciona el negocio lo suficientemente bien para abrir tres tiendas más, cosa que funcionaba y escalaron el negocio.

Cuando comiences abrir tiendas y expandas el negocio, nunca olvides la esencia que tenías cuando comenzaste, no cambies tu esencia para hacerte grande, escucha como siempre has escuchado a los clientes, dales el mismo trato que tenían antes, que siga tu negocio cómo seguía antes de hacerlo crecer y tus clientes no se irán, muchos negocios crecen y comienzan a olvidarse de los clientes de siempre e intentan conseguirás más y más, pero la clave es conseguir más y mantenerlos, así que para finalizar, recuerda en pensar en grande, verifica tu negocio antes de expandirlo y reinvierte las ganancias para seguir expandiendo el negocio.

Recuerda siempre repasar el libro cuando tengas un negocio que va a la ruina, todo tiene solución, espero que os haya gustado tanto como a mí, de compartir historias y lecciones para que tengáis un buen negocio, agradezco mucho que hayas comprado el libro y lo hayas leído, ha sido un honor compartir mi conocimiento y el de Marcus para ti.

Se te ha gustado el libro agradecería mucho que dejaras un comentario en Amazon y a si ayudarías a que llegara a más gente este gran libro, con tu pequeña ayuda puede ser una gran ayuda para mí.

Si quieres saber más sobre mí, el autor del libro sígueme en Instagram @coachdeinversion

www.ingramcontent.com/pod-product-compliance
Lightning Source LLC
Chambersburg PA
CBHW022057170526
45157CB00004B/1384